出土文獻與中國中古史研究

張銘心 ● 著

GUANGXI NORMAL UNIVERSITY PRESS

廣西師範大學出版社

· 桂林 ·

CHUTU WENXIAN YU ZHONGGUO ZHONGGUSHI YANJIU

本書出版得到中央民族大學建設世界一流大學（學科）專項建項經費資助

圖書在版編目（CIP）數據

出土文獻與中國中古史研究 / 張銘心著. —桂林：廣西師範
大學出版社，2022.7
ISBN 978-7-5598-3271-9

Ⅰ．①出… Ⅱ．①張… Ⅲ．①出土文物－文獻－中國－文集
②中國歷史－中古史－文集 Ⅳ．①K877.04-53②K240.7-53

中國版本圖書館 CIP 數據核字（2020）第 186666 號

廣西師範大學出版社出版發行

（廣西桂林市五里店路 9 號　郵政編碼：541004）
（網址：http://www.bbtpress.com）
出版人：黃軒莊
全國新華書店經銷
廣西廣大印務有限責任公司印刷
（桂林市臨桂區秧塘工業園西城大道北側廣西師範大學出版社
集團有限公司創意產業園內　郵政編碼：541199）
開本：880 mm × 1 240 mm　1/32
印張：7.75　　字數：200 千字
2022 年 7 月第 1 版　　2022 年 7 月第 1 次印刷
定價：58.00 元

序

　　我和張銘心君相識，是在20世紀80年代中期。那時我正在北京師範大學歷史系攻讀博士學位，銘心在故宮工作，晚上在北師大歷史系上夜大學。因爲某種機緣我們就相識了，當時朋友圈裏有我的一位同門師弟、同系讀碩士研究生的一位師妹、正在本校低能物理所攻博的馮君，還有在外語系讀本科的幾位女生。七八個人，年紀相差很大，專業和人生經歷各不相同，但大家都是性情中人，玩在一起毫無軒輊。銘心很年輕，剛剛二十出頭，好學而熱情，有時邀我們到故宮玩，有時帶我們到他家附近的後海、什剎海玩，還曾一起騎自行車到幾十公里外的潭柘寺、戒臺寺旅游，感情相得，打打鬧鬧，渾然不覺有什麼年齡和專業的差別。

　　1987年我博士畢業返回福建工作，與銘心的聯係不多，但心裏常會想念起這位忘年交，也只因爲他淳樸、熱情、重義，而不是在學術上有什麼交流。説實話，當時只把他看作一般的文物工作者，完全沒有想到他會在文物與歷史研究中異軍突起。大約六七年前吧，我到北京出差，再見到銘心，得知他留學日本歸來，在中央民族大學工作，已是一位副教授，也是學校的中層幹部，心裏覺得這小友路子還走得挺順當，很爲他高興，但也還没覺察他在學術上有什麼了不起的成就。

　　近日我因爲北京大學的一次學術活動赴京，與銘心有了較深入的接觸和交流，才知道他已經是教授、博導，是利用出土文書文物進行中古史研究的後起之秀，在高昌墓磚、出土碑誌和吐魯番古文書研究方面成績斐然，受到中外學界的重視。交談中他出示了即將出版的一部書稿，囑我寫篇序言。粗粗流覽一過，對銘心君的學術成就更加刮目相看了。

銘心君的這部書稿題爲《出土文獻與中國中古史研究》，其實利用的資料出土文獻與文物并重，討論的範圍很廣，碑形墓誌問題、墓表問題、神道石柱問題，墓磚書式、書法問題，墓磚墓誌的出土時地問題、吐魯番出土文書的總體性問題，都在探討之列。尤爲可貴的是，利用出土的文物和文書，對中古中國西北邊疆歷史的一些敏感問題，提出了獨到的見解。例如，麴氏高昌國歷史上的"義和政變"與"重光復辟"，中外學者討論很多，歧義迭出，迄未得出諸家公認的認識。銘心君獨闢蹊徑，從解析"重光復辟"入手，反推"義和政變"的性質和時間，分析細緻，得出與諸家不同的新見，頗有說服力。對這一重大而疑難問題的深入研究，是有推進作用的。又如，《唐代鄉里制在于闐的實施及相關問題研究》一文，對唐代是否在于闐地區切實施行過鄉里制，出土文書所見于闐的六城、傑謝、質邏等地名的關係問題，于闐王的地位問題，"阿摩支"一語的含義問題，于闐陷蕃年代問題，都提出了新見。

初步的感受，銘心君的研究有三點很突出。一是視野開闊，凡研究某一問題，首先將此問題的研究史梳理得清清楚楚，不但瞭解本國的研究，也瞭解國外的相關研究；而且不局限於一時一地的問題，總是盡可能與其他時地的相關材料相比照，以期得出比較客觀、深入、有說服力的看法。二是對日本學界的相關學術成果有充分的瞭解，而且總能恰到好處地予以運用或借鑒。這自然是得力於他在日本留學十年，對日本學術界相當熟稔。三是不畏權威、勇於探索的學術勇氣。銘心君所探討的問題，往往屬於前輩學者耕耘已久的領域，前輩學者已經就此問題得出有代表性的、甚至是被奉爲權威的觀點。但銘心君并不因此而人云亦云，而是在充分尊重前輩的基礎上，細心地發現尚可商榷的問題，有理有據地提出自己的新觀點。這正是年輕學者最可貴之處，也是學術能夠不斷前進、不斷深入的不竭源泉。

回顧張銘心君的學術道路，他是先熟悉文物再學習文獻，先有管理文物的實踐後作結合文獻的研究；決定走學術之路時，先留學日本，學習日本學者充分占有材料細緻剖析材料的功夫，再回頭運用中國固有的宏觀微觀相結合的治學路數，借用他山之石，不忘自家家法，勤勤懇懇，孜孜以求，因而取得了令人矚目的成績。長此以往，相信銘心君必能在文獻文物與中國中古史研究的道路上越走越寬廣，不斷有所斬獲，不斷有所突破。在銘心君新著即將付梓之際，僅弁數言，以志觀感，并獻一首小詩，紀念我們的友誼以及寄託欣喜與祝福之意：

都門小友忘年交，玩水游山共夕朝。

彈指逝波三十載，欣看史海競妖嬈。

謝重光

2019 年 10 月 17 日

目　録

高昌墓塼書式研究

以紀年問題爲中心[*]

高昌墓塼的書式問題

高昌墓塼，是指出土於今新疆吐魯番地區的魏晉南北朝隋唐時期漢人墓葬的墓誌。因吐魯番古地名爲高昌，且墓誌多爲塼質，所以今人多稱其爲"高昌塼" [1]"高昌墓塼" [2]。也有因其自名（銘文中的自稱）稱其爲"墓表"或"墓誌" [3]的。本文基本上使用"高昌墓塼"一詞，但根據行文需要，有時也使用"墓塼"或"墓表"等稱謂。

高昌墓塼至今已出土三百四十餘方 [4]。按時代可以分爲三個時期，即高昌郡和早期高昌國時期（4世紀至6世紀初期）、麴氏高昌國時期（6世紀初期至7世紀中期）、唐西州時期（7世紀中期至8世紀末期）。高昌墓塼銘文的書寫格式（以下簡稱"書式"）因時期的不同而有所區別。下面先將各時期高昌墓塼的書式作簡單概括，再將問題提出，進行討論。

---

* 原載《歷史研究》第 37 號，大阪教育大學編印，1999 年，中文版載於《新疆師範大學學報》（哲學社會科學版），2004 年第 1 期。

高昌郡時期和早期高昌國時期的墓塼書式屬於形成期。其書式基本上以墓誌主的官號、郡望、姓名及"墓表"和夫人郡望、姓氏等構成，如果墓誌主是女性，則以其夫的官號、郡望、姓名及本人的郡望、姓氏及"墓表"等內容組成。主要特徵是沒有紀年和追贈官號。[5]

麴氏高昌國時期的高昌墓塼書式屬於成熟期。其書式如日本學者白須净真氏所指出的，以埋葬年月日、官歷（女性時刻寫其夫的官職）、追贈官號、郡望、姓名、享年、配偶者的姓氏、郡望等構成，銘文的最後刻寫"某氏（之）墓表"。[6]

唐西州時期的高昌墓塼書式屬於變異期。由於唐王朝統一了高昌國，中原文化又開始流入割據了近兩百年的吐魯番。受到同時期中原墓誌的影響，其書式在繼承麴氏高昌國時期高昌墓塼書式特徵的同時開始出現變化。這一時期的高昌墓塼既可見到與麴氏高昌國時期墓塼完全相同的書式，亦可見到與中原同時期墓誌完全相同的書式，同時還有介於兩者之間的書式。其自名有"墓表""墓誌""墓誌銘"等，也見有許多沒有自名的墓塼。

從數量看，形成期墓塼至今只出土三方，成熟期墓塼有二百餘方，變異期墓塼爲一百二十餘方，以成熟期數量最多。從書式看，形成期墓塼雖然有其時代特徵，但這一時期高昌墓塼還沒有普及，從出土數量看也沒有形成規模；成熟期墓塼書式最爲穩定、統一，代表了高昌墓塼書式的特徵；而變異期墓塼書式則是向中原墓誌書式變異。所以從書式特徵看，麴氏高昌國時期的墓塼最有代表性。本文所說高昌墓塼，基本上指麴氏高昌國時期的墓塼。以下研究也以麴氏高昌國時期的墓塼爲主。

高昌墓塼的書式，就其内容可以説是簡單明瞭，似乎没有專門研究的必要。然而近年，圍繞高昌國時期墓塼銘文的紀年性質，出現了兩種不同的觀點，即埋葬年月日和死亡年月日。這兩種觀點不僅僅關係到高昌墓塼的書式問題，還涉及高昌國歷史，特别是有關麹氏高昌國末年發生的"義和政變"的結束時間等問題[7]，所以筆者認爲有必要對高昌墓塼的書式問題作一個專題研究。

高昌墓塼紀年問題的先行研究

　　據管見所知，雖然一些論文對於高昌墓塼的紀年問題也有所涉及，但到現在爲止還没有關於高昌墓塼紀年問題的專題研究。前引白須净真氏在論及麹氏高昌墓塼的書式時，雖然指出其紀年爲埋葬年月日，但未作具體論述。

　　近年，關尾史郎氏在論述麹氏高昌國後期發生的"義和政變"時指出：有重光元年紀年的十件出土文物均是隨葬衣物疏或墓誌。這些應該都不是被葬者死亡時做成，而應該是埋葬時做成的。而其中的紀年，應該是在麹伯雅復辟和改元後製作墓誌時追溯記録的死亡年月日。[8]如此，關尾史郎氏對於高昌墓塼的紀年性質作出新的解説。他還指出：隨葬衣物疏的紀年是被葬者的死亡年月日還是埋葬年月日的問題，應該從文書的樣式出發進行深入討論。[9]但是關尾史郎氏并没有就此問題作進一步論述，我們也就不知道他的這一觀點根據何在。

　　自關尾史郎氏這一觀點提出後，有關高昌墓塼"紀年"問題在史學界引起了混亂。王素氏在其論文中論述有重光元年二月的信女某甲隨葬衣物疏[10]和四方有重光元年紀年的高昌墓塼[11]時指出：疏主死於二月一日、誌主分別死於二月二十二日和二十八日。[12]也隨關尾説，將衣物疏和墓塼的紀年性質定爲死亡年月日。但是針對以上關尾史郎氏的觀點，孟憲實氏指出：墓表所標時間亦非死亡時間。就有追贈紀年的墓表而言，必先有人死，再有追贈，最後製成墓表。[13]然而孟憲實氏的討論也只能説明有追贈官號的高昌墓塼的紀年性質，并不能證明全部高昌墓塼的紀年性質。

在此後的相關歷史研究中，由於不能證實高昌墓塼的紀年性質，學者多是"死亡年月日"和"埋葬年月日"兩説并用。[14]

高昌墓塼書式的分類

如前所示，高昌墓塼銘文內容大體可以分爲如下幾項：1.紀年、2.身份、3.姓名、4.享年、5.某氏（之）墓表。然而有極少數的高昌墓塼在紀年以外，還記錄有死亡日期（以下簡稱"卒年"）、埋葬日期（以下簡稱"葬年"）和享年等項內容。如果按照這幾項內容的組合進行分類，可以將高昌墓塼分爲十式：

1式：紀年、享年

2式：只有紀年

3式：卒年、享年

4式：只有卒年

5式：紀年、卒年、享年、葬年

6式：紀年、享年、卒年

7式：卒年、葬年

8式：享年、葬年

9式：卒年、享年、葬年

10式：無年代記録

另外，爲了統計的方便，筆者將書式不明的一類定爲"11式"。

現將以上十一式高昌墓塼按出土數量和占有總數的百分比列表如下：

表1　高昌墓塼紀年分類表

年代＼書式	1式	2式	3式	4式	5式	6式	7式	8式	9式	10式	11式	總數
537—546	1	6	1									8
547—556	5	3	2		1			1		2		14
557—566	5	12		1			1					19
567—576	10	8				1						19
577—586	9	7					1	1			2	20
587—596	9	11				1		2		1	2	26
597—606	8	8									4	20
607—616	14	8									1	23
617—626	12	8									2	22
627—636	24	1									2	27
637—640	8	8						1			1	18
年代不明											3	3

年代＼書式	1式	2式	3式	4式	5式	6式	7式	8式	9式	10式	11式	總數
537—640	105	80	3	1	1	2	2	4	1	3	17	219
百分比（％）	47.9	36.5	1.4	0.5	0.5	0.9	0.9	1.8	0.5	1.4	7.7	100

在以上各書式中，從時間上看，1式和2式從麴氏高昌國初期開始到其滅亡都在使用。從件數上看，1式和2式共一百八十五件，約占麴氏高昌國時期墓塼總數的85%。而3—9式，總共十四件，占總數的6.4%。與1、2式相比較，筆者將3—9式墓塼的書式稱爲"異例書式"并繼續探討。

異例高昌墓塼的紀年性質

將表1所列3—9式異例墓塼書式進行統計，可以得到表2的結果。

表2　異例高昌墓塼書式統計表

序號	紀年	卒年	葬年	享年	書式	公元紀年	墓塼主
1		○		○	3	537	張文智
2			○	○	8	550	畫承夫人張氏
3	○	○	○	○	5	552	氾紹和
4		○			4	561	劉□□
5		○	○		7	565	王阿和

序號	紀年	卒年	葬年	享年	書式	公元紀年	墓塼主
6	○	○		○	6	567	曹孟祐
7		○	○	○	9	579	畫儒子
8		○		○	7	586	將孟雍妻趙氏
9			○	○	8	591	畫伯演
10			○	○	8	591	孟孝□
11	○	○		○	6	593	衛孝恭妻袁氏
12			○	○	8	637	唐憧海妻王氏

注：有相關内容者以"○"表示，無相關内容者空白。

　　表中各項日期，除第一項的紀年外，其他各項的性質不言自明。第一項的紀年到底是什麽性質的日期呢？這是下面要討論的問題。

　　我們先列舉兩方1式墓塼銘文，分析它們的書式。

氾靈岳墓表

　　章和十八年，歲次壽星，夏六月，朔辛酉，九日己巳。田地郡，虎牙將軍，内幹將，轉交河郡宣威將軍，殿中中郎，領三門散望將，字靈岳，春秋六十有七卒，氾氏之墓表。

　　通讀此墓塼銘文，其首句"章和十八年六月九日"的紀年與"春秋六十有七卒"的内容似可連讀。也就是説此銘文似乎可以理解爲章和十八年六月九日氾氏以六十七歲之齡死亡。

張神忠墓表

延昌十九年，己亥歲，三月，朔壬辰，二日図巳。客曹主簿張神忠，春秋五十有五，寢疾卒於□內，張氏之墓表。

通讀此墓表銘文，似乎首句紀年又與"春秋五十有五，寢疾卒於□內"的卒年內容沒有直接關係。

下面，我們再看看異例墓塼的紀年性質。

以下是曹孟祐墓表銘文：

延昌七年，歲禦聚砦（諏訾）[15]望舒，建于隆（降）妻上旬五日，日維析木。戶曹參軍曹孟祐，春秋六十有一，於丁酉日戌時寢疾卒，文表於木也。

曹孟祐墓表采用的是歲星紀年。換算成干支紀年的話，就是延昌七年歲次丁亥九月朔戊戌五日壬寅。死亡時日用干支推算是九月五日前六天的八月三十日。戌時是晚上19時到21時。從而曹孟祐死於延昌七年八月三十日晚19—21時，而銘文開頭延昌七年九月五日的紀年非卒年是可以肯定的了。

衛孝恭妻袁氏墓表銘文如下：

延昌卅三年，水丑歲，十一月，朔丁酉，上旬七日，□惟癸卯。交河內散望將衛孝恭妻，源州武威袁氏，春秋六十有七，□□此，十月晦日奄背，殯喪靈柩葬表文。

銘文中有"延昌卅三年水丑歲十一月朔丁酉上旬七日□惟癸卯"的紀年和"十月晦日（三十日）奄背"的死亡月日。由此可知，衛孝恭妻袁氏墓表銘文開頭的紀年不是死亡年月日。

氾紹和墓表銘文如下：

> 和平二年，壬申歲，八月，朔丙申（a），鎮西府，虎牙將軍，領內幹將氾紹和，七月廿七日卒（b），春秋五十有八也（c），以八月一日申時葬（d）於墓也。夫人敦煌張氏，享年六十二。

此墓表銘文中一共有四個日期，即（a）紀年、（b）卒年、（c）享年、（d）葬年。後三者的性質是清楚的，但是與（d）葬年性質相同的（a）作何解呢？首先應注意到，（a）的紀年中缺少了日的內容，而將（a）與（b）合并，則構成了完整的紀年內涵。進而"八月一日申時葬"正好說明了紀年的性質爲埋葬年月日。當然，還有一種可能性是墓表銘文的書寫時間。[16]

高昌墓塼的刻寫在埋葬當日舉行，所以所記日期與埋葬日期相同。中國傳統漢文化中的葬禮屬於"五禮"（吉禮、嘉禮、賓禮、軍禮、凶禮）之一，不可輕視。埋葬日較之死亡日更具有重要意義，所以高昌墓塼的紀年記入埋葬日不難理解。加之高昌墓塼多是塼質，銘文內容也相對簡單，埋葬當日刻寫也是完全可能的。另外，即便同時代中原長篇銘文的石刻墓誌，刻寫日期也多記爲埋葬日。據此或可以認爲，高昌墓塼的刻寫即使不是在埋葬日進行，其日期記入埋葬日的可能性也是有的。

王阿和墓表銘文如下：

> 延昌五年，歲在乙酉，□月，朔水丑，廿日壬申卒。廿二
> 日甲戌葬。王阿和之墓表。

王阿和墓表的卒年爲延昌五年□月二十日，葬年爲同年同月二十二日。卒年的位置和1式、2式墓磚開頭的紀年位置相同。畫孫子墓表的書式與王阿和墓表相同，也是先在銘文開頭處刻寫卒年（十七日寢疾卒），而葬年（廿日葬於墓）刻寫於銘文末尾。將孟雍妻趙氏墓表的書式與以上兩方墓表相同，也是先刻寫"延昌廿六年丙午歲，三月廿七日丁丑，將孟雍妻卒年"的卒年，然後再刻寫"四月二日壬午拋喪"的葬年。

以上三方墓磚均刻寫卒年和葬年，且卒年刻寫在銘文開頭，與1式和2式墓磚紀年位置相同。由此，是否可以認爲1式和2式墓磚的紀年就是卒年呢？然而應該注意到，雖然此三方墓磚開頭的年月日爲卒年，但在卒年之後都標明"寢疾卒""卒""卒年"，其後還都刻寫葬年。其與1式、2式墓磚的區別顯而易見。

畫伯演墓表銘文如下：

> 君字伯演，田曹參軍畫纂之孟子。便弓馬，好馳射，寢疾
> 卒，春秋卅有五，延昌卅一年，辛亥歲，十月十四日喪於廟，畫
> 氏之墓表。

畫伯演墓表的書式與其他墓磚不同。其組合爲1.姓名、2.身份、

3.享年、4.葬年、5.畫氏之墓表。從各項內容看，其組合與1式墓磚相同，從而可以認爲，這裏的葬年與1式的紀年性質相同。不同的只是排列順序的先後。

畫承夫人張氏墓表銘文如下：

章和十六年，歲次析木之津，冬十二月己巳朔，三日辛未。高昌兵部主簿，轉交河郡户曹参軍，殿中中郎將，領三門子弟，諱承，字全安，春秋七十有八，畫氏之墓表。

夫人張氏，永平二年，歲在鶉火，二月辛巳朔，廿五日乙巳合葬。上天愍善，享年七十有九。

此墓磚中有畫氏墓表銘文及夫人張氏的墓表銘文。畫氏墓表的銘文有紀年、官名、姓名、享年及“畫氏之墓表”等內容，夫人張氏的墓表銘文只有姓名、葬年、享年等內容。對應夫人張氏墓表銘文中的葬年，畫氏墓表銘文中的紀年也應該理解爲埋葬年月日。

以上，分析了高昌墓磚中異例墓磚銘文的書式。有的紀年可以理解爲墓磚銘文的刻寫年月日，有的紀年可以理解爲埋葬年月日，但可以肯定的是，異例墓磚銘文的紀年中沒有死亡年月日。由此亦可以推斷，1式和2式高昌墓磚的紀年不是死亡年月日。對此問題，下文從另外的角度繼續探討。

高昌墓塼紀年與隨葬衣物疏紀年的比較研究

吐魯番古墳群出土大量高昌墓塼的同時，至今爲止，還出土了五十九件隨葬衣物疏（以下簡稱“衣物疏”）。[17]其時代早至前秦建元二十年（384），晚至唐咸亨四年（673）。其中屬於麴氏高昌國時代的有三十六件。而這三十六件中有紀年的共三十二件。現將高昌墓塼與衣物疏同墓出土的資料整理如下：

表3　麴氏高昌國時代同墓出土墓塼·衣物疏統計表

序號	墓塼·衣物疏	墓葬編號	麴氏高昌紀年	公元紀年
1	趙令達墓表	TAM303	和平元年	551
	欠名衣物疏			
2	張洪墓表	TAM107	延昌二年	562
	孝姿衣物疏		章和十三年	543
3	張神穆墓表	TAM88	延昌七年	567
	牛辰英衣物疏		延昌七年	567
4	張遁墓表	TAM169	建昌四年	558
	張孝章衣物疏		建昌四年	558
	信女某甲衣物疏		延昌十六年	576
5	氾崇慶墓表	TKM38	延昌卅二年	592
	氾崇鹿衣物疏		延昌卅二年	592
6	張毅妻孟氏墓表	TAM517	延昌卅一年	591
	張毅墓表		延昌卅七年	597

序號	墓塼·衣物疏	墓葬編號	麴氏高昌紀年	公元紀年
6	欠名衣物疏	TAM517	延昌卅一年	591
	武德衣物疏		延昌卅七年	597
7	羅英墓塼	TAM313		
	欠名衣物疏		章和十八年	548
	欠名衣物疏			
8	某氏墓表	TAM520	延和六年	607
	碑兒衣物疏		延和六年	607
9	張順妻馬氏墓表	TAM113	延昌卅年	590
	張順墓表		延和十二年	613
	張順妻麴玉娥墓表		義和四年	617
	欠名衣物疏		義和四年	617
10	張頭子妻孟氏墓表	TAM116	義和元年	614
	張弘震墓表		重光二年	621
	張頭子衣物疏		重光二年	621
11	趙顯曹墓塼	TAM310		
	欠名衣物疏			
12	唐憧海妻墓牌	TAM15	延壽十四年	637
	唐憧海衣物疏		唐貞觀十五年	641
13	氾法濟墓表	TAM151	重光元年	620
	氾法濟衣物疏		重光元年	620
14	張師兒墓表	TAM386	延和十八年	619
	張師兒衣物疏		延和十八年	619

序號	墓塼・衣物疏	墓葬編號	麴氏高昌紀年	公元紀年
15	王伯瑜墓表	TAM504	延壽五年	628
	王伯瑜衣物疏		延壽五年	628

注：以上衣物疏分別引自《吐魯番出土文書》（圖録本，第壹至肆册，北京：文物出版社，1992—1996年）、《1986年新疆吐魯番阿斯塔那墓群發掘簡報》（《考古》1992年第2期）。

表3當中，同時出土了紀年相同的墓塼與衣物疏的有4、5、6、7、8、9、10、11、12、13、14、15等十二例。爲了考察這十二例墓塼與衣物疏紀年的性質，將相關信息列表如下：

表4　同被葬者墓塼與衣物疏紀年對照表

序號	墓塼・衣物疏紀年	卒日	公元紀年	墓塼・衣物疏名
4	○二月九日 ●二月九日		558	○張遁 ●張孝章
5	○一月十七日 ●一月十七日		592	○氾崇慶 ●氾崇鹿
6a	○十月廿五日 ●此月中下旬		591	○孟氏 ●欠名
6b	○六月十三日 ●六月十三日		597	○張毅 ●武德
7	●十一月十八日		548	○羅英 ●欠名
8	○四月廿九日 ●四月廿九日	●此月廿四日	607	○欠名 ●碑兒

序號	墓塼·衣物疏紀年	卒日	公元紀年	墓塼·衣物疏名
9	○一月十三日 ●一月□□	●此月某日	617	○麴玉娥 ●欠名
10	○五月四日	●此月四日	621	○張弘震 ●張頭子
11				○趙顯曹 ●欠名
13	○二月廿二日 ●二月下旬		620	○氾法濟 ●氾法濟
14	○九月八日 ●九月六日		619	○張師兒 ●張師兒
15	○九月廿日	●此月廿日	628	○王伯瑜 ●王伯瑜

注：○爲墓塼相關內容，●爲衣物疏相關內容。

　　首先引起注意的是，表4序號8、9、10、15的衣物疏中記錄有死亡月日。

　　8的某氏墓表銘文如下[18]：

> 延和六年丁卯歲四月己卯朔廿九日丁未□□碑兒稟……
> □□□順……忠□□匪……言之咎姿□……矣溫古知新……英儁
> 之士涅……遐竿終成大器□□□□殞逝宗親悲號鄉閭啼泣□□□
> 殯葬斯墓

衣物疏銘文如下：

（品名四行略）

5　延和六年丁卯歲四月廿九日，大德比丘果願敬移

6　五道大神。佛弟子碑兒，持佛五戒專修十善

7　宜向遐齡永保難老，而昊天不吊，以此月廿

8　四日奄喪盛年，經涉五道，幸勿呵留，任意

9　聽果。倩書張堅固，時見李定度。若欲

10　求海東頭，若欲覓海西辟，不得奄遏

11　留停。急急如律令。

墓磚紀年爲“延和六年丁卯歲四月己卯朔廿九日丁未”，衣物疏紀年同樣是“延和六年四月廿九日”。但衣物疏中還有“此月廿四日奄喪”的死亡日期，因此可以確認，墓磚和衣物疏的紀年應該具有同樣的性質，也可以確認兩者的紀年都不是死亡年月日。

9的衣物疏紀年殘欠，死亡日期只記載爲“此月某日”。然而在有紀年的同時還記有死亡日期，可以肯定其紀年性質非死亡年月日。同時，可確認墓磚紀年的“義和四年丁丑正月朔壬子十三日甲子”也非死亡年月日。

10的張弘震（亦名張頭子）墓表紀年是“重光二年五月四日”，衣物疏紀年也只書寫“重光二年辛巳歲”，衣物疏中還記載了死亡日期“此月四日”。如此，墓磚紀年性質爲死亡年月日的可能性似乎不可否定。然而在被葬者張弘震死亡前七年，其妻孟氏已經死亡并被埋

入同一墓中，因此張弘震在死亡的當日就被合葬於此墓中的可能性很大。張弘震墓表紀年和衣物疏中卒年日期相同的問題就可以理解了。況且衣物疏中有紀年的同時還有死亡日期，其紀年非死亡年月日也是可以理解的。

與10的張弘震情況相同，15的王伯瑜墓表紀年與同名衣物疏中的死亡日期"此月廿日"相同。王伯瑜妻唐氏比王伯瑜早亡三年，王伯瑜與張弘震同樣在死亡當日就下葬的可能性也是有的[19]。

從以上探討可知，高昌墓磚和衣物疏中的紀年不是死亡年月日，而應該是埋葬年月日或墓磚銘文刻寫年月日。但是在表4當中，14的墓磚紀年與衣物疏紀年有兩日之差，同時6a和13的衣物疏紀年分別是"此月中下旬"和"二月下旬"。其記載形式與4、5、6b、8、10不同。這些現象又如何解釋呢？

對於14的情況，孟憲實氏認爲，衣物疏紀年應該是衣物疏的書寫年月日。因爲衣物疏做成於埋葬日以前，其紀年未必與墓磚紀年相同。[20]

衣物疏與墓磚不同，書寫其内容的同時，籌備相應的隨葬品也是必須的工作。推測衣物疏應是在埋葬日前撰寫。在這裏，我們可以通過6a和13的衣物疏紀年來説明衣物疏書寫於埋葬日前的問題。6a和13的衣物疏紀年分別是"此月中下旬"和"二月下旬"，而其墓磚紀年分別是"十月廿五日"和"二月廿二日"。對此現象可作如下推測，即在書寫此兩件衣物疏時，埋葬日期還没有最後確定下來，所以只書寫了大概日期。

雖然如此，并不能説衣物疏書寫於埋葬日前，其紀年就一定要記載衣物疏做成日。表4中有四方墓塼（4、5、6b、8）紀年與衣物疏紀年完全相同就説明了這個問題。由此可以推測，衣物疏的書寫雖然在埋葬日前進行，但其紀年應該還是記入埋葬年月日。

但是，我們仍舊不能解釋14的張師兒墓表紀年和同名衣物疏紀年爲什麼相差兩日的問題。應注意，張師兒墓出土墓塼和衣物疏的同時，還出土了一件張師兒追贈令[21]，授予時間是"九月八日"，與墓塼紀年相同。由此可以推測，追贈令的授予應該是埋葬儀式的内容之一。張師兒死亡時，正好是"重光復辟"的戰爭時期[22]，張師兒的埋葬儀式可能受戰爭影響變更了日期，或許是爲了等追贈令而拖延了埋葬日期。

從十二支紀日看高昌墓塼紀年的性質

從以上檢討可知，高昌墓塼的紀年不是死亡年月日，而是埋葬年月日或墓塼刻寫年月日。然而，如果是埋葬年月日，其日期必定因埋葬禁忌風俗而有所選擇。麴氏高昌國時期的埋葬禁忌風俗情況如何呢？

筆者根據麴氏高昌國時期墓塼紀年中的十二支（地支）紀日，統計列表如下：

表5　麴氏高昌墓塼埋葬日十二支月日統計表

月\日	寅月	卯月	辰月	巳月	午月	未月	申月	酉月	戌月	亥月	子月	丑月	總數
子日	3	2	1	2	2	0	1	1	3	1	0	3	19
丑日	2	1	2	1	3	0	1	1	0	0	0	0	11
寅日	1	2	3	1	1	2	0	1	1	1	0	4	17
卯日	1	10	4	2	2	0	3	0	0	1	3	1	27
辰日	0	0	0	0	0	0	0	0	0	0	0	0	0
巳日	1	1	1	0	1	1	0	0	0	1	2	1	9
午日	2	2	0	4	5	2	0	2	1	5	2	2	27
未日	1	1	1	2	1	0	0	2	4	1	3	2	17
申日	2	2	1	0	2	1	1	1	1	2	2	2	17
酉日	3	3	2	3	1	0	1	0	0	0	0	2	15
戌日	1	3	3	0	0	0	0	0	1	2	2	0	12
亥日	1	2	3	2	1	0	1	0	0	1	2	2	16
總數	18	29	21	17	19	6	8	8	11	15	16	19	187

　　從上表可知，辰日紀年的墓塼數是零。而辰日前一日卯日的墓塼却高達二十七方。很明顯，這是爲了避開辰日埋葬。

　　高昌地區的埋葬風俗如何？辰日與埋葬禁忌有什麼關係？下面就此問題作具體論述。

　　迄今爲止，我們還没有發現有關麴氏高昌國時期高昌地區埋葬風俗的史料，只是據《周書》卷五〇《異域下》記載可知，麴氏高昌國時期的高昌，"其刑法、風俗、婚姻、喪葬，與華夏小異而大同"[23]。

但是其"大同"到何種程度，又有什麼"小異"？無從確知。

然而20世紀，吐魯番地區根據現代考古學方法發掘了大量魏晉南北朝隋唐時期的古代墓葬。據相關發掘報告[24]可知，這些墓葬除了其墓誌——高昌墓磚與中原墓誌不同，因自然環境造成一些地區特色，其葬式、隨葬品等與同時期中原的墓葬形式基本相同。由此可以推測，麴氏高昌國的漢人社會雖然長期獨立於中原政權之外，但是其文化源流來自中原漢文化。有關高昌漢人社會的研究，相關成果較多[25]，這裏不再過多說明。

筆者檢索中原地區有關埋葬風俗的史料，首先注意到《諸雜略得要抄子》[26]這件敦煌出土文書。此文書有關十二支紀日禁忌條目中記載有"辰不哭泣、不遠行"等內容。喪葬儀式中不許哭泣是不可想象的，如此辰日不舉行喪葬儀式就是非常合理的事情了。

此外，湖北省雲夢縣睡虎地秦代墓葬出土的竹簡日書中也見有"辰不可以哭、穿肂（肂），且有二喪，不可以卜筭、爲屋"[27]的內容。由此可知，辰日埋葬禁忌秦代就已經在中原地區流行了。

除了以上出土文獻，在編纂史料中也能找到有關辰日禁忌的內容。《舊唐書》卷六八《張公謹》載：

> （張公謹）甚有惠政。卒官，年三十九。太宗聞而嗟悼，出次發哀，有司奏言："準《陰陽書》，日子在辰，不可哭泣，又爲流俗所忌。"太宗曰："君臣之義，同於父子。情發於衷，安避辰日。"遂哭之。[28]

另，《舊唐書》卷七九《吕才》載：

或云辰日不宜哭泣，遂莞爾而對賓客受弔；或云同屬忌於臨
壙，乃吉服不送其親。聖人設教，豈其然也？葬書敗俗，一至
於斯。[29]

由此可知，在唐代的《陰陽書》中記載有辰日不可哭泣的禁忌，
而且此一禁忌不但在民間流行，在官方和宫廷中也流行。而高昌墓塼
中沒有辰日紀年的墓塼，説明這一喪葬習俗在魏晉南北朝隋唐時期的
吐魯番地區也流行。這進一步證明高昌墓塼紀年的性質并非死亡年月
日而是埋葬年月日。

結　語

以上，通過對高昌墓塼書式的分類、異例墓塼書式的分析、墓塼
紀年與衣物疏紀年的比較研究以及葬日禁忌等的綜合考察，對於高昌
墓塼的書式得到了以下認識。

高昌墓塼的書式基本上由以下幾項内容組成：

1. 紀年（即埋葬年月日）；

2. 被葬者身份（男性刻寫官職、追贈官號等，女性刻寫其夫的
身份）；

3. 被葬者姓名；

4. 被葬者享年；

5. 某氏（之）墓表。

另外，根據以上考察，高昌墓塼紀年除埋葬年月日的性質外，因墓塼的刻寫一般在埋葬日進行，所以還有墓塼刻寫年月日的性質。但是由於張師兒墓表[30]的存在，可知高昌墓塼即使不是在埋葬日刻寫，其紀年也要刻寫埋葬年月日。這一點在衣物疏的紀年中也一樣。同時，由於辰日墓塼一方也没有這一現象，高昌墓塼紀年是埋葬年月日這一性質不容否定。

注　釋

[1] 黄文弼：《高昌塼集》（西北科學考查團叢刊之一），1930年；同氏：《高昌塼集（增訂本）》，《考古學特刊》（第二號），北京：中國科學院，1951年。

[2] 〔日〕白須净真：《高昌墓塼考釈》（一、二、三），《書論》第13號（1978年）、第14號（1978年）、第19號（1981年），其中一、二與萩信雄共著。

[3] 侯燦：《解放後新出土吐魯番墓誌録》，載《敦煌吐魯番文獻研究論集》（第五輯），北京：北京大學出版社，1990年。另外，侯燦氏最近出版的著作中又將其稱爲“磚誌”。參見侯燦、吴美琳《吐魯番出土磚誌集注》，成都：巴蜀書社，2003年。

[4] 據侯燦氏統計，至今爲止出土的高昌墓塼爲三百二十六方。參考侯燦、吴美琳《吐魯番出土磚誌集注》，成都：巴蜀書社，2003年。需要説明的是，該書中唐西州時期的墓磚數量爲一百一十八方，但其中畫承墓表（546年）和畫承夫人張氏墓表（550年）爲同一墓磚，麴善岳墓誌（662年）出土於河南洛陽，不能納入高昌墓磚的總數。故總數按三百二十六方計算。而據筆者統計，如果加上那些出土後又遺失和未編號的墓塼，數字已經達到三百四十一方。參見筆者2003年向日本大阪大學提交的博士論文《トゥルファン出土高昌墓磚の源流とその成立・資料編》。

[5] 有關早期高昌墓塼的研究，參見筆者《吐魯番出土“且渠封戴墓表”的性質以及無紀年高昌墓塼的年代問題——以高昌墓塼的起源問題爲中心》，《新疆師範大學學報》（哲學社會科學版），2006年第2期。

[6] 〔日〕白須净真：《トゥルファン古墳群の編年とトゥルファン支配者層の編年—麴氏高昌国の支配者層と西州の在地支配者層》，《東方学》第84輯，1992年，第

114—115頁。

[7] 參考〔日〕關尾史郎《「義和政變」前史：高昌国王麴伯雅の改革を中心として》，《東洋史研究》第52卷第2號，1993年，第153—174頁；〔日〕關尾史郎《「義和政變」新釈—隋・唐交替期の高昌国・遊牧勢力・中国王朝》，《集刊東洋学》第11卷第70號，1993年，第41—57頁；張銘心《"義和政變"與"重光復辟"問題的再考察——以高昌墓塼爲中心》，載《敦煌吐魯番研究》（第五卷），北京：北京大學出版社，2001年，第117—146頁。

[8] 前揭〔日〕關尾史郎《「義和政變」新釈》，第46頁。

[9] 前揭〔日〕關尾史郎《「義和政變」新釈》，注釋7。

[10] 64TAM31：12，唐長孺主編《吐魯番出土文書・壹》（圖録本），北京：文物出版社，1992年，第358頁。

[11] 即吐魯番出土重光元年紀年的氾法濟墓表、張武嵩墓表、張鼻兒墓表、張阿質墓表。參考前揭侯燦、吳美琳《吐魯番出土磚誌集注》（上冊），第316—325頁。以下本文所引用的高昌墓塼，均出自此書，不再一一注明。

[12] 王素：《麴氏高昌"義和政變"補説》，載《敦煌吐魯番研究》（第一卷），1996年，第190頁。

[13] 孟憲實：《關於麴氏高昌晚期紀年的幾個問題》，載《學術集林》（卷十），上海：上海遠東出版社，1997年，第303頁。

[14] 鄧小南：《六至八世紀的吐魯番婦女——特別是她們在家庭以外的活動》，載《敦煌吐魯番研究》（第四卷），1999年，第216頁；侯燦：《吐魯番墓磚書法》，重慶：重慶出版社，2002年，第2頁。

[15] 括弧内文字爲筆者改補，下同。

[16] 埋葬當日刻寫墓誌的例子還可以列舉唐西州時期咸亨四年（673）海生墓誌。參考前揭侯燦、吳美琳《吐魯番出土磚誌集注》（下冊），第549—550頁。

[17] 據侯燦（《吐魯番晉—唐古墓出土隨葬衣物疏綜考》，《新疆文物》1988年第4期，後載氏著《高昌樓蘭研究論集》，烏魯木齊：新疆人民出版社，1990年）統計，吐魯番出土衣物疏共五十八件，如果加上此後出土的張師兒衣物疏，應該有五十九件。另外，日本龍谷大學小田義久教授（《吐魯番出土葬送儀礼関係文書の一考察：隨葬衣物疏から功徳疏へ》，《東洋史苑》第30、31合并號，1988年）統計，如果將功徳疏也計算在内，數量達到六十一件。

[18] 銘文多有缺失，故未斷句。

[19] 關於張弘震和王伯瑜在死亡當日下葬，小田義久氏也持相同觀點。參考前揭同氏《吐魯番出土葬送儀礼関係文書の一考察》，第51頁。另外，在吐魯番於死亡同日埋葬的事例，還可以列舉吐魯番出土垂拱四年（688）賈大夫墓表。賈大夫墓表銘文如下："君姓賈，諱阿，名父師，西州高昌縣人也。粤以垂拱四年歲次壬子二

月五日構疾卒於私第，即以其月其日葬於州城北赤山南原，禮也。"

[20] 前揭孟憲實《關於麴氏高昌晚期紀年的幾個問題》，第303頁。

[21] 柳洪亮：《新出吐魯番文書及其研究》，烏魯木齊：新疆人民出版社，1997年，第49頁（錄文）、第417頁（圖版）。

[22] 參考前揭張銘心《"義和政變"與"重光復辟"問題的再考察》，第117—146頁。

[23]《周書》卷五〇《異域下》，北京：中華書局，1971年，第915頁。

[24] 相關發掘簡報參考《新疆文物》2000年第3、4期合刊。

[25] 相關研究資料，參考王素《敦煌吐魯番文獻》，北京：文物出版社，2002年。

[26] 黃永武主編《敦煌寶藏》（第123冊），臺北：新文豐出版公司，1985年，第172頁。相關研究參考高國藩《中國民俗探微——敦煌巫術與巫術流變》，南京：河海大學出版社，1993年，第296頁。

[27]《睡虎地秦墓竹簡》，北京：文物出版社，1990年，第248頁。相關研究參考〔日〕工藤元男《睡虎地秦簡よりみた秦代の国家と社会》，東京：創文社，1998年，第130頁。

[28]《舊唐書》卷六八《張公謹》，北京：中華書局，1975年，第2507頁。

[29] 前揭《舊唐書》卷七九《呂才》，第2726頁。相同內容又見於《資治通鑑》《通典》《唐會要》等文獻。

[30] 張師兒墓表的紀年是延和十八年（619）九月八日，但其墓磚的書寫是延壽十四年（637）五月。參考柳洪亮《1986年新疆吐魯番阿斯塔那古墓群發掘簡報》，《考古》1992年第2期，第146—147頁；前揭侯燦、吳美琳《吐魯番出土磚誌集注》（上冊），第313—315頁。

"義和政變"與"重光復辟"問題的再考察

以高昌墓塼[1]爲中心*

有關"義和政變"與"重光復辟"問題的先行研究及其問題

吳震先生曾以阿斯塔那206號墓出土張雄夫人麴氏墓誌[2]等出土文獻爲綫索，發現了編纂史料中未有記載，發生於麴氏高昌國晚期的"義和政變"的史實，其研究成果給麴氏高昌國歷史的研究帶來了深刻影響。[3]"義和政變"史實的發現，不但解决了麴氏高昌國歷史研究中的許多難解問題，還爲重新研究同時期西突厥及鐵勒等游牧民族與高昌國等緑洲國家的關係，以及中原王朝與西域諸民族的關係等諸多問題帶來了可能。

然而，自"義和政變"史實發現以來，因史料缺乏，有關政變的具體時間、起因、性質以及政變政權統治結束的時間，即"重光復辟"的時間等問題，還有許多不明之點。近年來這些問題在史學界引起了一些爭論，并得出了一些差異很大的結論。

---

* 原載《敦煌吐魯番研究》（第五卷），北京：北京大學出版社，2001年。

有關“義和政變”的研究，主要有如下幾篇論文：1.吳震（以下敬稱略）《麴氏高昌國史索隱》；2.關尾史郎《「義和政変」前史》[4]；3.關尾史郎《「義和政変」新釈》[5]；4.王素《麴氏高昌“義和政變”補說》[6]；5.孟憲實、姚崇新《從“義和政變”到“延壽改制”》[7]。這些研究在肯定吳震發現的“義和政變”的基礎上，圍繞以下問題進行了爭論：1.政變的時間；2.政變的起因及性質；3.政變集團的構成；4.“重光復辟”的時間；等等。在此，先將爭論的具體內容羅列，并針對問題之所在展開討論。

1.關於政變的時間

首先，吳震認爲政變發生於高昌延和十二年（隋大業九年，613年），[8]關尾史郎在同意吳震觀點的同時，還認爲“義和政變”政權（以下簡稱“政變政權”）有可能在政變後爲使其政權合法化，不等到第二年而直接改元，故政變發生在延和十三年（614）的可能性也是有的。[9]王素在支持關尾史郎這一觀點的同時，以《高昌義和元年高懷孺物名條疏》[10]爲據，進一步指出“義和政變”發生在義和元年（614）十一月十九日之前不久。[11]

2.關於政變的起因及性質

對於政變的起因及性質，吳震、關尾史郎、王素三氏雖均認爲“解辮削衽”令是“義和政變”的直接起因，但對政變的性質有着截然不同的認識。吳震認爲，麴伯雅因執行“解辮削衽”令而引起鐵勒的不滿，在鐵勒派去的監國重臣的支持下，親鐵勒勢力發動了政變。[12]而關尾史郎認爲，“解辮削衽”令的停止是麴伯雅的決斷，如果是吳震所想定的鐵勒支持的政變，那麼“解辮削衽”令的停止應受到鐵勒的歡迎，因而不應該是鐵勒支持的政變。關尾史郎進一步認爲，"解辮削衽"令并非一般的服裝髮式改革，而是麴伯雅有政治意圖的改革。但因爲隋煬帝利用麴伯雅的改革推行自己的政策，引起麴伯雅的不滿，迫使麴伯雅停止了改革。在這種形勢下麴氏高昌國的親隋勢力發動了政變。[13]然而王素根據《隋書》的記載，在隋煬帝的使臣到達高昌前，麴伯雅的改革已經停止，從而鐵勒支持政變説和親隋勢力政變説都不能成立。王素認爲，高昌并不是只有漢人，而是多族聚居。在這樣的地區施行服裝髮式改革，勢必受到來自高昌内部的阻力。也就是説，"義和政變"的發生是高昌内部改革勢力與反改革勢力鬥爭的結果。[14]

3.關於政變集團的構成

關於政變集團的構成，吳震認爲這是麴氏王室以外的政治勢力在鐵勒的支持下發動的政變。[15]關尾史郎對此問題没有提出異議。但王素根據《高昌義和二年都官下始昌縣司馬主者符爲遣弓師侯尾相等詣府事》[16]文書認爲，政變政權中有王的存在，而那時也只有麴氏家族的人有此實力能够稱王。王素進一步以白須净真的研究成果[17]爲根據，認爲"義和政變"是以麴氏宗室的人爲首領發動的政變。[18]

4.關於"重光復辟"的時間

關於"重光復辟"亦即政變政權統治的結束時間問題，有吳震和王素的義和六年（619）説，關尾史郎的重光元年（620）二、三月以降説，孟憲實、姚崇新的從義和六年（619）二月"局部勝利"到重光元年（620）一月"全面勝利"説。"重光復辟"問題在後文中將作重點討論，故以上各氏之説的細節在此省略。

有關 "義和政變" 的研究，基本上以出土文獻爲主要依據進行，因此受到了很大的局限。然而以上爭論的產生，除了資料的局限，對出土文獻所作的基礎研究不足，當是重要原因之一。本文將在以上各氏研究的基礎上，通過對高昌墓塼中相關資料的考察，對 "義和政變" 和 "重光復辟" 問題作進一步的研究。

通過以往的研究可以注意到，"重光復辟" 一直作爲 "義和政變" 的一個附屬内容被研究。當然，"重光復辟" 是與 "義和政變" 不可分離的同一歷史事件的一部分，然而，"重光復辟" 并不僅僅是 "義和政變" 的一部分，還是受當時西域以及中原王朝歷史變動的影響而在高昌國發生的歷史變動。這一變動的歷史背景與 "義和政變" 時期的歷史背景是不同的。因此，對 "重光復辟" 作獨立的考察是必要的。而且從資料的角度來看，現出土 "重光復辟" 時期的文獻遠比 "義和政變" 時期的文獻多，且内容更豐富。所以本文的研究首先從 "重光復辟" 入手，進而對 "義和政變" 展開討論。

"重光復辟" 的時間以及相關資料的再考察

如前所述，對於 "重光復辟" 的時間問題，至今的研究結論尚不統一。主要有吳震、王素二氏的義和六年（619）説，關尾史郎的重光元年（620）二、三月以降説，孟憲實、姚崇新二氏的從義和六年（619）二月 "局部勝利" 到重光元年（620）一月 "全面勝利" 説。下面，就各氏之説的論據展開討論。

義和六年（619）説：吳震根據前引張雄夫人麴氏墓誌中第六至八行 "屬奸臣作禍，僞祚將顛，公出乾侯，兵纏絳邑，君執奉羈靮，經始艱難，功冠却燕，勳隆復郢，僞王返國，寵命偏優，拜威遠將軍，兼都官郎中，答勤勞也"[19]等有關記載，義和末期的一些文書中"義和"年號被塗改後加上"延和"年號[20]的現象，以及出土"義和"年號最晚的文書爲義和六年（619）九月七日至十七日的文書[21]等，推測麴伯雅復辟是在619年。[22]王素在同意吳震觀點的同時，根據《舊唐書》卷一《高祖紀》中所記對武德二年（619）七月和武德三年（620）三月（十日）遣唐使用語的區別，及使者往返路程所需時間等資料進一步指出，麴伯雅復辟應在義和六年（619）冬。[23]

重光元年（620）二、三月以降説：關尾史郎針對吳震的619年説指出，復辟很可能發生在620年二、三月以降。其理由是，"如果619年完成復辟，那麼改元就應在620年正月。特別是重光改元非一般的改元，而是推翻政變政權、恢復王朝統治的改元。在復辟後不等來年，直接改元也是可能的。換句話説，如果重光復辟在619年完成，那麼改元再晚也不會晚於620年正月。但是，由於《高昌延和十九年寺主智□舉麥粟券》的存在，重光改元在620年二月開始這一史實不可否認。由此看來，重光改元極有可能在重光元年（620）二月以降。然而斷定復辟和改元發生在620年二月也極爲危險。因爲有重光元年紀年的十件出土文物，全都是隨葬衣物疏和墓表。這兩者均非墓主死亡時所書，而應是埋葬時做成并埋入墓中。墓表和衣物疏紀年的重光元年（620）二、三月，是墓主的死亡時間。而這個紀年很可能是在復辟和改元之後，墓表和衣物疏做成時追記的死亡時間"[24]。

從義和六年（619）二月"局部勝利"到重光元年（620）二月"全面勝利"説：孟憲實和姚崇新針對改元是在二月這一問題，提出了"重光復辟"的全面勝利完成於620年正月的觀點。[25]孟憲實進一步撰文指出，619年二月開始，消失數年的延和年號又出現於文書中，說明復辟於二月已經開始進行。復辟政權占領的地區恢復了延和年號，政變政權占領的地區仍使用義和年號，九月以後，隨着復辟地區的擴大，義和年號逐漸消失。[26]

此外，小田義久氏也曾根據隨葬衣物疏樣式的變化推測，政變政權的最後失敗是在重光元年（620）。[27]

通過對以上各氏研究的分析，筆者認爲，619年復辟而於620年二月改元確實無法自圓其說。但是，若如關尾史郎所云復辟完成於二月以降，那麼記載未復辟時期的年月使用復辟後的紀年同樣不可理解。特別是在重光改元前延和年號已經恢復的情況下[28]，記載復辟前的年月理應使用延和年號。所以，關尾史郎的二月以降說，筆者也不能贊同。在此有必要重新說明關尾史郎得出此結論的主要根據。

如前所述，關尾史郎認爲重光元年（620）十件出土文物的紀年非埋葬紀年，而是死亡紀年，并由此得出重光元年（620）二月以降說的結論。針對高昌墓塼的紀年問題，筆者撰有《麹氏高昌墓磚の紀年問題》一文作了專門討論，[29]證明高昌墓塼紀年非死亡紀年而是埋葬紀年。由此也就同時否定了關尾史郎關於重光復辟完成於重光元年二月以降的證據。

但是如關尾史郎所言，"619年政變政權滅亡，620年二月改元，這違反了高昌國逾年改元的原則。且重光改元非普通的改元，而是王朝復辟，理應立即改換新的年號"[30]。由此看，政變政權的最後滅亡不是619年，而是620年正月。進而可以認爲，孟憲實與姚崇新的從"局部勝利"到"全面勝利"說對於"重光復辟"的時間問題是一個可以接受的解釋了。

即便如此，筆者認爲對於"重光復辟"的時間問題還是有進一步討論的必要。特別是孟憲實認爲的"重光復辟"始於619年二月説，筆者認爲還有討論的餘地。在此，筆者對與"重光復辟"有關的出土文獻進行一次全面考察。除TAM386號墓所出三件文獻外，重光元年（620）二、三月的六方墓塼需要特別注意。

表1 "重光復辟"相關出土文獻一覽表

序號	名稱	高昌紀年	公元紀年	出土時間、地點、墓號	文獻出典
1	延隆等役作名籍	義和五年（延和十七年）	618	73TAM206	《出土文書貳》299
2	夏田殘券	延和十八年二月	619	73TAM116	《出土文書壹》371
3	張師兒隨葬衣物疏	延和十八年九月六日	619	86TAM386	《考古1992》，《新出文書》46、173、415
4	追贈張師兒明威將軍令	延和十八年九月八日	619	86TAM386	《新出文書》49、417
5	張師兒墓表	延和十八年九月八日	619	86TAM386	《考古1992》
6	伯延等傳付麥、粟、床條	義和六年九月七、十、十一、十二、十五、十六、十七日	619	60TAM331	《出土文書壹》355—357
7	寺主智□擧麥、粟券	延和十九年正月十二日	620	60TAM339	《出土文書壹》396
8	信女某甲隨葬衣物疏	重光元年二月	620	64TAM31	《出土文書壹》358
9	氾法濟隨葬衣物疏	重光元年二月下旬	620	72TAM151	《出土文書貳》85
10	缺名隨葬衣物疏	重光元年二月廿七日	620	72TAM205	《出土文書壹》360

序號	名稱	高昌紀年	公元紀年	出土時間、地點、墓號	文獻出典
11	汜法濟墓表	重光元年二月廿二日	620	72TAM151	《墓誌録》580
12	張武嵩墓表	重光元年二月廿二日	620	69TAM112	《墓誌録》580
13	張鼻兒墓表	重光元年二月廿八日	620	73TAM503	《墓誌録》580
14	張阿質墓表	重光元年二月廿八日	620	72TAM199	《墓誌録》581
15	嚴道亮（嚴道高）墓記	重光元年三月十日	620	67TAM80	《墓誌録》581
16	張仲慶墓表	重光元年三月十三日	620	72TAM200	《墓誌録》581

注：唐長孺主編《吐魯番出土文書》（圖録本）省稱《出土文書》；柳洪亮《新出吐魯番文書及其研究》省稱《新出文書》；侯燦《解放後新出吐魯番墓誌録》省稱《墓誌録》；柳洪亮《1986年新疆吐魯番阿斯塔那古墓群發掘簡報》省稱《考古1992》。

　　下面首先對表1中的1—10進行考察，從中檢出與"重光復辟"有關的信息，然後再對11—16的六方墓塼進行考察。

　　1.延隆等役作名籍：原書有"義和五年（618）"的紀年。但"義和五"三字被塗去，并在其旁邊填寫了"延和十七"四字。可以認爲，此文書原書寫於義和年間，"重光復辟"後，文書中政變政權的年號被塗去，而相應地填寫了政變前原政權的年號。[31]

　　2.夏田殘券：有"延和十八年（義和六年，619年）二月"的紀年。由於有《高昌義和六年伯延等傳付麥、粟、床條》（表1：6）的存在，可以肯定，此文書是在義和政權的統治時期書寫的。

　　3.張師兒隨葬衣物疏：此衣物疏有"延和十八年（619）己卯歲

九月六日"的紀年。因《高昌義和六年伯延等傳付麥、粟、床條》的存在，可知此衣物疏是復辟勝利前書寫的文書。文中"今於田地城内奄便（梗）命終"句表明張師兒死於田地城内。

4.追贈張師兒明威將軍令（以下簡稱"張師兒追贈令"）：此追贈令有頒發日期"九月八日"，但無年代。因《高昌延和十八年張師兒隨葬衣物疏》的存在，可知此追贈令也應是延和十八年（619）的文書。

5.張師兒墓表：張師兒墓表與張師兒夫人王氏墓表爲合文墓表。從書法風格和書寫内容來分析，以下幾點應引起注意：①張師兒墓表與夫人王氏墓表的書法風格相同。②張師兒墓表以"殯葬斯廟"結尾，與同期的墓表相比較，似乎還没寫完，而夫人王氏的墓表只寫埋葬年月日、姓氏及"某某之墓表"，這也和同時期的墓表不同。但將兩墓表文字相合，就可構成一篇完整的墓表文了。③王氏墓表文寫作"五月朔甲申平二日乙酉"，而張師兒墓表文在年代後只寫"九月八日"，與高昌墓表的紀年方式不同。從以上幾點可知，張師兒墓表不僅是夫人王氏埋葬時書寫，其内容也是在王氏埋葬時重新撰成。

6.伯延等傳付麥、粟、床條：此文書殘片共八片，紀年分別爲義和六年（619）九月七、十、十一、十二、十五、十六、十七日等。紀年中的"義"字均被塗去。此文書的存在説明，政變政權在義和六年（619）九月仍有效行使着職能。

7.寺主智□舉麥、粟券：此文書紀年爲"延和十九年（重光元年，620年）正月十二日"。由此文書可知，620年正月尚未改元重光。

8.信女某甲隨葬衣物疏：此文書紀年爲"重光元年（620）庚辰歲二月朔乙未日"，高昌墓塼和衣物疏的紀年爲埋葬紀年，故知重光紀年始於620年二月。

9.氾法濟隨葬衣物疏：紀年爲"重光元年（620）庚辰歲二月下旬"。同墓出土氾法濟墓表（參照下文）。

10.缺名隨葬衣物疏：紀年爲"重光元年（620）庚辰歲二月廿七日"。因衣物疏內容簡略，無法判斷墓主身份，從同出土弓矢一具判斷，墓主當爲一男性。

通過對以上文獻的檢討，TAM386號墓出土的三件文獻應該引起注意。因爲這三件文獻可揭示墓主人張師兒的真實身份，而搞清楚張師兒的身份對認識"重光復辟"的時間問題十分重要。

孟憲實和姚崇新認爲，張師兒是政變政權的官員。[32]張師兒墓表重寫於延壽十四年（637），所以其紀年所記延和年號是延壽年間的追記。孟憲實進一步認爲張師兒衣物疏也爲延壽年間重寫，其延和年號自然也是延壽年間的追記。[33]

如上文所言，張師兒墓表爲延壽年間重寫當屬無誤。然而張師兒衣物疏是否爲延壽年間重寫是一個很大的疑問。因爲衣物疏與墓表不同，衣物疏是爲了給死者求得冥福而書寫，[34]十餘年後再次重寫當無必要。所以筆者認爲，張師兒衣物疏的延和紀年非延壽年間追記，而是書寫於延和十八年（義和六年，619年）九月下葬時。由此，將張師兒劃歸政變政權的官員證據不足。此外，張師兒墓表書寫於復辟十七年後的延壽十四年（637），如張師兒是政變政權的官員，他從政變政權得來的追贈官號那時是否還敢於寫入墓表也是一個疑問。進而張師兒追贈令中有"昔曾從駕，躍涉山河"的文字，當是指麴伯雅朝隋之事。[35]由此亦可判斷，追贈令是麴伯雅的復辟政權頒發，張師兒是復辟政權官員當屬無疑。

通過張師兒墓（TAM386）出土文獻，可以瞭解到以下信息：1.張

師兒死於田地城内；2.張師兒追贈令的授予者是麴伯雅；3.張師兒的
卒年是七十二歲；4.張師兒葬於阿斯塔那古墓群。

張師兒死於田地城，死亡年齡是七十二歲，由此可以判斷張師兒
的死亡與軍事行動無關。追贈官號得自麴伯雅，故張師兒是麴伯雅的
復辟政權官員當無疑問。同時可以推斷張師兒的死亡地田地城在619
年九月八日之前已被復辟政權占領。然而張師兒被埋葬在屬於高昌城
的阿斯塔那墓地却難於理解。據前舉《高昌義和六年伯延等傳付麥、
粟、床條》文書可知，這時的高昌城還在政變政權的占領下，復辟政
權的官員張師兒這時下葬於政變政權的勢力範圍内是難於想象的。對
此問題，筆者的判斷是，張師兒的"歸葬家族墓地"[36]非"重光復辟"
時期，而是復辟以後，很可能是在夫人王氏死亡時從别的墓地移葬來
的。根據有如下兩點：一、TAM386號墓裏没有張師兒埋葬時書寫的
墓表，這在墓表盛行的這一時期屬異例。二、雖然出土有張師兒夫婦
的合文墓表，但兩者都書寫於夫人王氏埋葬時，且張師兒墓表不是轉
寫於舊的墓表，而是重新書寫，這與同類墓表有着明顯差别。[37]如果
張師兒不是移葬，而其時埋葬他時的墓表尚在的話，將他的墓表遺去
而書寫新的墓表是難於想象的。但如果張師兒屬移葬，以上兩個問題
就很容易解釋。即張師兒因是移葬，原墓中的墓表未同時移來[38]，而
重新書寫了墓表。

以下，接着檢討重光元年（620）二、三月間的六方墓表[39]。

重光元年（620）二、三月間的六方墓表與以上檢討的有重光紀
年的文書，可證明"重光復辟"於620年二月"全面勝利"當無疑問。
但這六方墓表與"重光復辟"有什麼關係，至今尚無人進行過具體研
究。在此，筆者就此問題作一探討。

首先，引起筆者注意的是這六方墓表在高昌墓塼中所具有的特質。第一，在至今出土的二百一十二方高昌國時期的墓表中，這六方墓表相對集中於兩個月間，這一數字非常不正常。[40]第二，這六方墓表中，張鼻兒墓表、張阿質墓表、張仲慶墓表的形制與書式較爲特殊[41]，這樣的形制在麴氏高昌墓塼中僅見於此三方。第三，嚴道高墓記從其大小尺寸和形制看，與普通的高昌墓塼沒有區別，但其書式爲"紀年、姓氏、某某之記"，其中除無官歷外，還自稱爲"記"，這在高昌墓塼中也屬僅見。

　　下面，我們就這六方墓表的主人進行探討。

表 2　重光元年（620）二、三月高昌墓塼主相關資料

姓名	官職（年代）	追贈官號	埋葬時期	卒齡	墓號
氾法濟	新除鹿門散望（620）	虎牙將軍	620年二月廿二日	不明	TAM151
張武嵩	交河郡司馬（612） 交河郡田曹司馬（620）		620年二月廿二日	不明	TAM112
張鼻兒	侍郎（612） 新除田地郡省事遷侍郎（620）	建義將軍、縮曹郎中	620年二月廿八日	五十五歲以上	TAM503
張阿質	王國侍郎轉遷殿中將軍（601） 新除侍郎遷殿中將軍轉洿林令（620）	平莫將軍，倉部、庫部、主客三曹郎中	620年二月廿八日	不明	TAM199
嚴道亮			620年三月十日	不明	TAM80

姓名	官職（年代）	追贈官號	埋葬時期	卒齡	墓號
張仲慶	侍郎（612）	廣威將軍、縐曹郎中	620年三月十三日	六十三歲	TAM200
	新除侍郎遷東宮諮議參軍轉長史淩江將軍湾林令（620）				

注：本文所記月份均爲舊曆，故采用漢字數字，同時，年齡的書寫也采用漢字數字。

有關氾法濟的資料源自氾法濟墓表和衣物疏。從墓表可知氾法濟死亡時的官職是"鹿門散望"，追贈官號是"虎牙將軍"。"鹿門散望"屬戍衛兵將的第八等級，"虎牙將軍"屬將軍戎號的第八等級。[42]有關麴氏高昌國的追贈制度不見文獻記載，根據對高昌墓塼追贈官號的統計，九十二名有官職的墓塼主中，八等官有二十二名。其中被授予追贈官號者有八人。

張武嵩的資料除了張武嵩墓表，還有張武嵩妻氾氏墓表[43]。從氾氏墓表可知，張武嵩612年的官職是"交河郡司馬"，級別屬六等。張武嵩620年死亡時的官職是"交河郡田曹司馬"，同樣屬六等。沒有追贈官號。值得注意的是，張武嵩作爲地方官員死後被埋入中央官僚的墓地，是所見高昌墓塼中的異例。[44]

張鼻兒的生年不詳。其妻麴阿蒗生於延昌五年（565）[45]，其子張雄生於延昌二十四年（584）[46]，再參考根據高昌墓塼統計的男女婚齡差，可以推測，張鼻兒的生年應在延昌五年（565）以前。故張鼻兒的死亡年齡應在五十五歲以上。張鼻兒死亡時的官職是"侍郎"，屬麴氏高昌官職的六等。追贈官號是"建義將軍、縐曹郎中"，屬二等。如此，張鼻兒的追贈官號比死亡時的官號高出三等。這樣的追贈在所見高昌國的四十三例追贈中僅此一例。

張阿質延昌四十一年（601）的官號是“殿中將軍”[47]，屬五等。死亡時的官號是屬四等的“洿林令”。追贈官號是屬四等的“平莫將軍，倉部、庫部、主客三曹郎中”。同時被追贈四個官號，這在所見高昌國的四十三例追贈中屬絶無僅有。

張仲慶延和十一年（612）的官職是“侍郎”[48]，“重光復辟”時的官職是屬四等的“長史、淩江將軍、洿林令”，追贈官號是二等的“廣威將軍、縮曹郎中”。死亡年齡是六十三歲。四等官的張仲慶獲得二等追贈，這與張鼻兒及張阿質的追贈同屬異例。張仲慶墓表中記有“春秋六十三”，紀年爲“重光元年（620）庚辰歲三月甲子朔十三日丙子”，可知張仲慶當於“重光復辟”後自然死亡。

發現嚴道亮墓記的TAM80號墓發掘報告至今尚未發表，故嚴道亮墓的形式及墓中隨葬品的情況無從知曉。但嚴道亮被埋葬於阿斯塔那古墓群，同時出土了墓記[49]，由此亦可判斷嚴道亮當非一般庶民[50]。此外，嚴道亮墓記的紀年“重光元年（620）庚辰歲三月朔甲子十日壬申”計算有誤，三月十日的干支非壬申而是癸酉。[51]高昌墓塼中的干支誤算不能説僅此一例，但在嚴道亮的墓記中這種書寫十分隨便而造成的錯誤，對我們認識嚴道亮的身份似乎有所提示。嚴道亮到底是一個什麽人物呢？嚴道亮墓記中“重光元年（620）庚辰歲三月朔甲子十日壬申故嚴道亮之記”的簡略記述，“記”的用詞，無官職記載，再加上錯誤紀年等，這一切似乎不是偶然的巧合。

張氏家族與麴氏王族有着特殊的關係。據吳震研究，張武忠、張鼻兒與“重光復辟”的功臣張雄是祖孫三代。[52]張武忠和張雄的追贈級別雖然也是二等，但他們死亡時的官級已是三等。[53]此外，張鼻兒的姐妹張太妃，是麹伯雅的夫人，麹文泰的生母。[54] 所以張鼻兒這樣的身份死亡時追贈二等官號也并非不可能，但難於理解的是，延和十一年（612）前就已被授予六等侍郎官職，爲什麼直到死亡之前也未加改變，而死亡時却被授予了二等追贈。

從張鼻兒的年齡和身份來看，張鼻兒不會是死於戰場。但根據墓塼書式（無享年）、埋葬時間及異例追贈、"重光復辟"後的集體葬禮、夫妻合葬等情况，筆者推斷張鼻兒當是非自然死亡，死亡時間在"重光復辟"時期，并且張鼻兒的死亡與"重光復辟"有直接的關係。張鼻兒的追贈來自復辟政權，由此可以推斷張鼻兒當是被政變政權殺害。也就是説，"重光復辟"時，張鼻兒很可能身在政變政權中，因"重光復辟"的關係而被政變政權殺害。

如果以上推斷不誤，那麼張鼻兒的死亡暗示着，在"重光復辟"時期，政變政權内部發生了分裂，身在政變政權中的張鼻兒因支持復辟政權而被殺害。復辟政權復辟後爲表彰他的功績，同時因爲他與麹氏王族的特殊關係，授予了他最高追贈級别的二等追贈。[55]

由於没有張阿質與張仲慶更進一步的資料，筆者不能對二者的情况進行進一步分析。但從異例追贈等情况看，他們在"重光復辟"中的角色當與張鼻兒相同。

張武嵩延和十一年（612）爲"交河郡司馬"，屬六等，死亡時的官職是"交河郡田曹司馬"，同屬六等。無追贈官號。由此可知，張武嵩的情况當與前述張鼻兒、張阿質、張仲慶不同。因無具體資料，張武嵩的情况無從推斷。

嚴道亮既無官職又無追贈，再加上其墓記所表現的特質，筆者認爲他很可能是"義和政變"的參與者。他當是在"重光復辟"時戰死，抑或是受到了復辟政權的處罰。

通過以上探討，筆者以這些有紀年的出土文獻爲根據作出了如下推斷：1.根據《高昌延和十八年二月夏田文書》可知，619年二月或二月以前，"延和"年號已經恢復，并與"義和"年號共同在高昌地區使用；2.根據張師兒衣物疏、追贈令、墓表可知，619年九月時復辟政權已占領田地城，復辟政權與政變政權處於對峙狀態，抑或如孟憲實所言復辟政權的"局部勝利"狀態；3.根據《高昌延和十九年寺主智□舉麥、粟券》及有重光元年（620）二月紀年的衣物疏、墓表可知，620年二月"重光"改元，這同時也標誌着"重光復辟"的"全面勝利"；4.根據對重光元年（620）六方墓塼的分析推斷，"重光復辟"時政變政權內部出現了分裂迹象。

夏田殘券及張頭子墓表所能説明的問題

在上文中，筆者根據對重光元年（620）二、三月的六方墓塼的研究，發現"重光復辟"時，政變政權內部出現了分裂迹象。以下圍繞這一問題繼續展開討論。

至今爲止關於"重光復辟"的研究，主要是"重光復辟"的時間問題，焦點則是"延和"年號的延用問題。正如前文所言，"重光復辟"於620年一月完成，但如《高昌延和十八年夏田殘券》所示，"延和"年號在619年二月就已恢復使用。有着"延和十八年（619）二月"紀年的夏田殘券到底暗示着怎樣的史實呢？

對於夏田殘券中"延和"年號延用的問題，吳震認爲"他們或則洞悉復辟在望，或則於復辟後嫌惡'義和'年號，因此仍奉'延和'

紀年"[56]。關尾史郎的解説是，隨着政變政權背後支持勢力隋的滅亡，
"619年（義和六年）開始，民間的契約文書上也公然開始恢復使用麴
伯雅的延和年號"[57]。然而如孟憲實所言，"這種夏田券，是民間契約，
除了當事人外還有證人參與其中，完全是公開的活動。在這樣的活動
中公開使用前政權年號的危險性可想而知，所以根本不可能存在這種
僅靠'復辟在望'就冒此巨大政治危險的行爲"。進而孟憲實對此文
書解釋道，"這表達的是復辟的過程。復辟的勢力首先在局部取得勝
利，該地區即使用了延和年號。與此同時，義和政權也在控制的區域
實施統治，依舊使用義和年號"。[58]

　　然而，無論是有義和年號還是有延和年號的文書，均出土於高
昌城的阿斯塔那古墓群。如果從619年二月開始在高昌城就已經形成
"局部勝利"的局面，在這"周迴一千八百四十步"[59]的都城維持近一
年"局部勝利"的局面是難於想象的。此外，夏田文書爲土地賃借活
動的記錄，如果這時戰爭在高昌城發生，此類經濟活動是否還會存在
也值得考慮。如此，筆者認爲有必要從新的角度對此文書進行探討。

　　如重光元年（620）二、三月的六方墓塼所示，"重光復辟"時，
政變政權內部出現了分裂。如果從此點考慮，此夏田文書的出現，很
可能是政變政權分裂的一個表現。即隨着政變政權的分裂，分裂勢力
提出恢復原"延和"年號的要求，與此同時，支持分裂勢力的高昌國
民在一般的經濟文書中也公開使用了"延和"年號。

　　以下，以義和元年（614）張頭子妻孟氏墓表及重光二年（621）
張頭子墓表爲中心展開討論。兩方墓表錄文如下：

張頭子妻孟氏墓表[60]

義和元年甲戌歲，十二月甲子朔，十五日戊寅。侍郎張頭
子妻孟氏之墓表。

張弘震（張頭子）墓表[61]

重光二年辛巳歲，五月丁巳朔，四日庚申。新除侍郎，轉遷
祀部司馬，追贈祀部長史。故張弘震，春秋七十六，殯葬斯墓。

從兩方墓表錄文可知，張弘震（張頭子）在義和元年（614）時
的官職是“侍郎”（六等），“重光復辟”後轉遷“祀部司馬”（五等）[62]，
重光二年（621）死亡時追贈“祀部長史”（四等）。此中難於理解的是，
義和政權中的侍郎張弘震在“重光復辟”後未受懲罰而是得到升遷。

對此問題，我們同樣可以從前文的研究結果中找到線索。即張弘
震當是政變政權分裂勢力的成員，因復辟有功在復辟後未被追究參與
政變政權的罪過，而是作爲復辟的功臣得到升遷。

前文研究對“重光復辟”問題得出了以下認識。“重光復辟”可
分爲三期：第一期爲政變政權的分裂期，時間大約開始於619年二月
或二月以前。第二期爲復辟政權的軍事行動期，復辟政權首先占領田
地城，形成“局部勝利”的局面，此後經過長時間的對峙與抗爭[63]，
最後迎來復辟的“全面勝利”。此一階段始於619年九月或九月以
前[64]，結束於620年一月。第三期爲復辟後的王朝恢復期，此一時期
進行了“重光”改元，獎勵功臣和對死者進行追贈與埋葬[65]，頒布新
曆法等[66]。時間爲620年二月。

對"解辮削衽"令的再認識

關於麴伯雅的"解辮削衽"令，如前所述，幾乎所有研究者都認爲它是"義和政變"的直接起因。[67]然而不論吳震的"鐵勒支持政變"說，還是王素的"守舊勢力政變"說，都只能説是一種推測。前文所舉王素的論證，在煬帝的使臣到達高昌前，麴伯雅的改革就已經停止。所以"鐵勒支持政變"説已是不能成立。而在幾乎全部由漢人移民後裔組成的高昌豪族的文化背景下，因執行漢化政策的"解辮削衽"令而引起君臣對立，并招致守舊勢力發動政變，也是難於想象的。

在此，本文將圍繞關尾史郎"政治的改革"説及"改革的變質"説進行重點討論。

對於"解辮削衽"令，關尾史郎認爲，不能僅限於髮式漢化的認識上，中國衣冠制的導入也將成爲必然。麴伯雅"解辮削衽"令的目的是引進中原的衣冠制，從而達到在高昌國利用衣冠制加强統治的目的。由此關尾史郎提出"解辮削衽"令爲"政治的改革"的觀點。[68]在此認識的基礎上，關尾史郎接着對隋煬帝的詔書分析道，如果麴伯雅設想的是以自己爲頂點的衣冠制改革，那麼隋煬帝所設想的則是以中國皇帝爲頂點的衣冠制改革。如此，由於隋煬帝的介入，改革的發展脱離了麴伯雅的設想。關尾史郎以此提出"改革的變質"的觀點。[69]

在麴伯雅的"解辮削衽"令裏，有"其庶人以上皆宜解辮削衽"[70]的規定，即"解辮削衽"令的執行範圍有庶人以上和庶人以下的區別。庶人以上也就是官僚階層。[71]在官僚階層的服飾改革，關尾史郎所認爲的衣冠制的導入也就成爲必然。進而隋衣冠制的引進也將成爲必然。然而即使"解辮削衽"的改革是以引進隋的衣冠制爲目的，關尾史郎所認爲的"政治的改革"是否有必要還須進一步討論。

中原隋王朝衣冠制的制定是以加強君主權威爲目的，這一認識是不容置疑的。麴伯雅"解辮削衽"的服飾改革除了"取悦中華"[72]的政治目的，將他在朝隋時所見到的朝會儀式搬到高昌來滿足他的虛榮心及"本自諸華"[73]、落葉歸根的心理，這一認識是可以理解的。而當了十餘年高昌王的麴伯雅還搞强化君權的改革這一認識却值得再探討。[74]從高昌國的歷史看，作爲藩屬國生存於中原王朝和游牧政權兩大勢力間的高昌王朝，在稱王的同時，還接受着兩大勢力的官號。越制的行爲無疑對這一綠州國家十分危險。[75]再者，作爲藩屬國的高昌國即使接受以中原皇帝爲頂點的衣冠制，是否會影響他在高昌國的最高地位，也值得考慮。如此筆者認爲，即使麴伯雅的服飾改革有加强王權的目的，這與接受煬帝的詔書也不會產生矛盾。

如前所言，麴伯雅的服飾改革不是制定新的衣冠制，而是引進中原隋的衣冠制。如此隋煬帝的詔書不僅和麴伯雅"解辮削衽"的服飾改革沒有矛盾，更可以認爲隋煬帝的詔書是在麴伯雅的請求下發出的。爲了説明這個問題，在此首先對麴伯雅改革令和煬帝詔書之間的關係進行考察。

（隋大業）八年冬（麴伯雅）歸蕃，下令國中曰："夫經國字人，以保存爲貴，寧邦緝政，以全濟爲大。先者以國處邊荒，境連猛狄，同人無咎，被髮左衽。今大隋統御，宇宙平一，普天率土，莫不齊向。孤既沐浴和風，庶均大化，其庶人以上皆宜解辮削衽。"帝聞而甚善之，下詔曰："彰德嘉善，聖哲所隆，顯誠遂良，典謨貽則。光禄大夫、弁國公、高昌王伯雅識量經遠，器懷溫裕，丹款夙著，亮節遐宣。本自諸華，歷祚西壤，昔因多難，淪迫獯戎，數窮毁冕，翦爲胡服。自我皇隋平一宇宙，化偃九圍，德加四表。伯雅踰沙忘阻，奉贄來庭，觀禮容於舊章，慕威儀之盛典。於是襲縭解辮，削衽曳裾，變夷從夏，義光前載。可賜衣冠之具，仍班製造之式。并遣使人部領將送。被以采章，復見車服之美，棄彼氊毳，還爲冠帶之國。"（《隋書》卷八三《高昌》）

據錢伯泉的研究，麴伯雅的"解辮削衽"令下達於延和十二年（613）夏秋之際，煬帝的詔書於延和十三年（614）春夏之際到達高昌。[76]關尾史郎也認爲煬帝的詔書應在大業九年（613）下半年到達高昌。[77]應注意的是，高昌派遣使臣入隋通報"解辮削衽"令一事，此問題不見史籍記載，但嶋崎昌認爲，煬帝的詔書應是在聽取了高昌使臣的匯報後下達的。[78]王素也支持嶋崎昌的觀點。[79]然而筆者認爲，麴伯雅的入隋使臣不僅僅是通報服飾改革的信息，還有向隋請求"衣冠之具"及"製造之式"的使命。煬帝聽取高昌使臣的匯報和請求後對麴伯雅進行了表彰，同時同意高昌的請求，下達了"可賜衣冠之具，仍班製造之式。并遣使人部領將送"的詔令。

爲了支持以上判斷，在此舉兩條史料爲參考。《隋書》卷八一《靺鞨》記載：煬帝初，"悅中國風俗，請被冠帶，帝嘉之，賜以錦綺而褒寵之"。靺鞨先"請被冠帶"，煬帝才"賜以錦綺"。《隋書》卷八四《突厥》也有"乞依大國服飾法用，一同華夏。臣今率部落，敢以上聞伏願天慈不違所請"的記載。但煬帝"以爲磧北未靜，猶須征戰，但使好心孝順，何必改變衣服也"，拒絕了突厥的請求。

通過以上兩條史料，可以得出一個認識，隋的周邊民族要想"依大國服飾法用"，首先要向隋請示，得到隋的準許。高昌國人"本自諸華"，故進行"解辮削衽"來恢復其本來面目或可不經過隋的批準。[80] 但如果要導入隋的衣冠制度，"請被冠帶"就成了不可缺少的步驟。

以上就"解辮削衽"令進行了探討。可見我們對關尾史郎的觀點得不到肯定的回答。

在討論"解辮削衽"令與"義和政變"關係這一問題時，還有一個值得注意的問題。關尾史郎在說明"義和政變"是在隋的支持下進行的這一結論時，力圖將《隋書》卷八三《高昌》中"然竟畏鐵勒而不敢改也"的鐵勒勢力排除在高昌之外。[81]這一觀點與筆者的認識相去甚遠。在此我們有必要對"義和政變"時期鐵勒的形勢作一探討，從而對爲什麼"解辮削衽"半途而止的史實作出解釋。

義和前後，"西突厥射匱可汗强盛"，西突厥再度崛起。鐵勒的延陀和契苾兩部在此後"並去可汗之號以臣之"。[82]鐵勒在高昌統治結束的具體年代不明。現今史學界主要有以下觀點：1.關尾史郎認爲，611年時，鐵勒已經在以高昌和伊吾爲中心的中亞地區失去勢力；[83]2.吳玉貴推測射匱征服鐵勒應在大業八年至十一年（612—615）之間；[84]3.姜伯勤認爲"鐵勒在高昌的統治在612年後已走下坡路并重新被隋及西突厥所取代"；[85]4.錢伯泉則認爲，鐵勒汗國在武德二年（619）仍然存在，契苾和薛延陀首領仍稱可汗未改，至武德三年（620）鐵勒被西突厥統葉護可汗兼并。[86]

關尾史郎以《隋書》卷八四《西突厥》中所記載611年（大業七年、延和十年）處羅可汗入隋時，"在路又被劫掠，遁於高昌東，保時羅漫山"等爲主要論據，認爲處羅既然在611年占據了高昌東的保時羅漫山，那麼鐵勒這時就應已經在以高昌和伊吾爲中心的中亞地區失去勢力。然而在《隋書》同卷，處羅"在路又被劫掠"的前一句是"將左右數千騎東走"，也就是説處羅領數千騎的隊伍在東逃至高昌附近時遭到了與其相當或更大勢力的掠劫。試問，能劫掠數千騎的勢力除了與處羅可汗有世仇[87]的鐵勒還能有誰？[88]如此，《隋書》中的這段記載不但不能説明鐵勒勢力的崩壞，反而説明鐵勒還有着相當的軍事力量。此外，王素對《隋書》卷八三《高昌》中"然伯雅先臣鐵勒，而鐵勒恒遣重臣在高昌國，有商胡往來者，則税之送於鐵勒。雖有此令取悦中華，然竟畏鐵勒而不敢改也"的分析也有助於我們認識611年以後鐵勒勢力存在於高昌的觀點。王素認爲《隋書》的這段記載，應是隋"班製造之式"的使臣從高昌返隋後的"如實匯報"。[89]隋派出的使臣當非普通官員，而應是對西域有着豐富知識與經驗的政治家、外交家。這樣的人物當不會不清楚鐵勒的勢力是否存在於高昌。故《隋書》卷八三《高昌》中這段記載的真實性當毋庸置疑。這同時説明，613年末[90]，鐵勒的勢力仍存在於高昌。另據孟憲實和姚崇新統計，一個叫"阿都莫（寅）"，有"寧遠將軍"官銜的人在義和二年（615）的文書中出現了四次。[91]"阿都"是鐵勒的一個部落，正史中稱作"訶咥""阿跌"。阿都莫應是鐵勒訶咥部落的人。[92]此"寧遠將軍阿都莫"的存在[93]，可證明鐵勒勢力在615年仍存在於高昌。

吴玉貴根據《舊唐書》卷一九九《鐵勒》中"西突厥射匱可汗強盛，延陀、契苾二部並去可汗之號以臣之"的記載及《隋書》卷六七《裴矩》"（大業）十一年……屬射匱可汗遣其猶子，率西蕃諸胡朝貢，詔矩釀接之"的記載，推測射匱征服鐵勒應在大業八年至十一年（612—615）之間。針對吴玉貴的觀點，筆者認爲，《新唐書》卷二一五下《突厥下》中"統葉護可汗勇而有謀，戰輒勝，因并鐵勒，下波斯、罽賓，控弦數十萬"的記載不容忽視。吴玉貴對此解釋道："鐵勒諸部早在射匱可汗時就已經臣服了西突厥汗國，'北并鐵勒'與統葉護關係不大，他的主要功績也不在此。"[94]然而筆者認爲，"去可汗之號以臣之"與"并鐵勒"當是西突厥征服鐵勒的兩個階段。在這裏我們還應該注意《新唐書》卷二一七下《回鶻下》記載同一事情時"二部黜可汗號往臣之"的用詞。"往臣之"的"往"字，説明鐵勒是遣使到突厥向射匱可汗表示臣服。"去可汗之號"也只能解釋爲鐵勒對西突厥射匱可汗的臣服，臣服於射匱的鐵勒并没有失去其勢力，[95]而仍保有高昌等勢力範圍。統葉護的"并鐵勒"才是西突厥對鐵勒的直接統治。[96]

姜伯勤認爲，"西突厥射匱可汗在615—619年間又復强大，其後統葉護可汗自619年後亦令高昌對西突厥建立附庸關係。所以，可以認爲，鐵勒在高昌的統治在612年後已走下坡路并重新被隋及西突厥所取代"[97]。姜伯勤强調，鐵勒在高昌的統治在612年以後開始走下坡路，同時指出，"619年（突厥）亦令高昌對西突厥建立附庸關係"。就是説619年前（即義和時期）高昌還未受到突厥的控制。那麽作爲絲路交通重鎮的高昌在這數年中絶不會處於真空狀態，而控制高昌的不是鐵勒又能是誰？

錢伯泉的觀點主要來源於對吐魯番出土供食文書的研究。但由於其對吐魯番出土供食文書的判斷引起爭議[98]，故所謂鐵勒到619年"契苾和薛延陀首領仍稱可汗未改"的觀點自然得重新探討。然而筆者認爲，錢伯泉針對編纂史料的分析還是應該引起注意的。簡明起見，將錢伯泉的有關論述轉録於下。

錢伯泉認爲："按照《唐書》話説，契苾歌楞和乙失鉢在這一年（即611年）自動取消了可汗的稱號，臣屬於西突厥汗國，鐵勒汗國是鐵勒人自己願意放棄的。""鐵勒汗國是在反抗處羅可汗的暴虐統治後建立的，射匱可汗是在突襲處羅可汗後登上西突厥大可汗寶座的，雙方的矛頭所向是一致的，利益是共同的，因此，射匱可汗決不可能在突襲處羅可汗的同時，去與強盛的鐵勒汗國爲敵。""鐵勒汗國爲西突厥所并兼，是統葉護可汗統治時期。統葉護是唐高祖武德二年（619）下半年繼位的[99]，所以，鐵勒开（汗）國的滅亡，至早也應是武德三年（620）的事。"[100]

按照錢伯泉的觀點及相關資料，可以進一步作出以下推論。611年，射匱在隋的支持下擊敗處羅可汗，恢復了室點密系西突厥在西域的勢力。此後與處羅有世仇的鐵勒契苾和薛延陀等部自動放棄可汗稱號，臣服於室點密系的西突厥射匱可汗。然而這時的鐵勒雖臣服於西突厥，但并未失去勢力範圍或曰生存空間。其南界[101]之高昌應還在其勢力範圍以內。619年，統葉護可汗繼射匱而起，"因并鐵勒，下波斯、罽賓"，對原已歸屬自己的天山東部地區的鐵勒進行直接統治。鐵勒勢力的崩潰當始於619年。

以上觀點雖不能進一步以編纂史料來證明，但高昌國"義和政變"與"重光復辟"的時間表可對其進行有力的解説。613（614？）年，"義和政變"發生後，麴伯雅、麴文泰父子逃向了西方的西突厥領地。[102]這説明政變發生時，西突厥的勢力尚未進入高昌。不然麴伯雅不會逃往西突厥，而麴伯雅在西突厥一避五六年更説明西突厥的勢力在這數年中未進入高昌。619年夏秋，"重光復辟"的開始，同時也應是西突厥勢力"并鐵勒"進入高昌的標誌。[103]

鐵勒的勢力不是611年，而是619年夏秋至620年一月在義和政權滅亡的同時退出高昌的。如此，如關尾史郎所認爲的，"以國王爲首的高昌男性國民着胡服變髮式，這應理解爲對突厥和鐵勒臣服的具體表現。'解辮削衽'令的主旨就是止胡服着漢服，變胡式辮髮爲漢式髮型。而這一變革不僅僅表明其要加入以隋爲中心的禮儀秩序，同時意味着脫離突厥、鐵勒等游牧民族的羈絆"[104]。這樣的改革惹惱了鐵勒當屬情理之中。

然而筆者認爲，"竟畏鐵勒而不敢改"雖爲史實，但并非"義和政變"的根本起因。理由有如下兩點：第一，煬帝的使臣到達高昌之前麴伯雅的改革已經停止，因此鐵勒因"解辮削衽"令之故而支持政變的理由不成立。[105]第二，《隋書》卷八三《高昌》有"恒遣重臣在高昌國，有商胡往來者，則税之送於鐵勒"的記載。《舊唐書》卷一九四下《突厥下》亦有"其西域諸國王悉授頡利發，并遣吐屯一人監統之，督其征賦"的記載。這些記載實際上説明的是游牧民族政權對西域綠州國家的重要統治方式。[106]即使"解辮削衽"的改革受到鐵勒的反對，但引起鐵勒支持政變這一結論仍難於成立。并且，麴伯雅改革令的停止，實際上已經表示了對鐵勒的降伏，對以獲取經濟利益爲統治目的的鐵勒來説，對已經降伏的麴伯雅政權已失去了支持政變的理由。

通過以上檢討，我們可以得出：1.麴伯雅在下達"解辮削衽"令的同時，派出使臣通報隋，還向隋請求衣冠制度；2.隋煬帝在高昌的請求下下達了"可賜衣冠之具，仍班製造之式。并遣使人部領將送"的詔令；3.《隋書》卷八三《高昌》"雖有此令取悦中華，然竟畏鐵勒而不敢改也"的記載非麴伯雅停止"解辮削衽"改革的藉口，而是史實；4."解辮削衽"令非"義和政變"的根本起因。

"義和政變"之再探討

　　將表 1 所列 "重光復辟" 時期的出土文獻與 "義和政變" 時期的出土文獻作一對應比較，會發現以下差別：一、"重光復辟" 時間爲 620 年二月以前，現今發現了時間集中，并有特質的六方重光元年（620）二、三月的墓塼。"義和政變" 有 613 年、614 年兩説，但將出土的這兩年的墓塼加在一起，共有四方，且時間不集中，也沒有任何特質；二、"重光復辟" 時期的文書中，有 "義和" 年號的文書，其 "義和" 年號被塗去，重新填入 "延和" 年號，另外還有 "延和" 年號的延用問題，而對應於此，"義和" 年號的出現與麴氏高昌國的其他改元相同，無任何異質，且 "義和" 之年號也沒有脱離麴氏高昌國的改元規律。

　　此外，王素對《高昌義和元年高懷孺物名條疏》的研究結果更表明當時的高昌國民（能書寫文書的人當非一般庶民）對義和改元的輕視。[107]進而根據小田義久的研究，吐魯番出土文書中除隨葬衣物疏外，有 "義和" 年號的文書與 "義和" 年號以前的文書在樣式上没有區別。從而推斷，政變政權的官廳業務和其前朝一樣，没有出現變化。[108]

　　如此，不但在義和年間的出土文獻中看不到任何有關政變的痕迹，義和的改元在當時的高昌國民中也未引起注意。"義和政變" 好像是在無聲無息中完成的。

　　關於此問題，張頭子妻孟氏墓表及張弘震墓表等墓塼中所反映出的内容（參見表 3）也應引起注意。

表3　延和、義和年間官吏官號、官階對比表

姓名	年代	官號	年齡	文獻出典
張順	延和十二年（613）	新除侍郎轉殿中將軍遷淩江將軍追贈民部庫部祀部三曹郎中	八十一	張順墓表[109]
	義和四年（617）	淩江將軍	死後四年	張順妻麴玉娥墓表[110]
張弘震（張頭子）	義和元年（614）	侍郎	六十九	張頭子妻孟氏墓表[111]
	重光二年（621）	新除侍郎轉遷祀部司馬追贈祀部長史	七十六	張弘震墓表[112]
唐舒平（唐元護）	延和二年（603）	内將（鎮西府將）	五十七以上	唐元護妻令狐氏墓表[113]
	義和四年（617）	鎮西府□□户曹參軍轉遷□□□□後更轉遷追□事□軍	七十以上	唐舒平墓表[114]
氾氏	義和四年（617）	□除田曹參軍後遷記室□軍更遷追贈録事參軍	七十以上	氾氏墓表[115]

　　張順死於延和十二年（613）四月。死亡時的官職是淩江將軍。其妻麴氏死於義和四年（617），麴氏墓表中寫入的張順官職是延和十二年（613）張順死去時淩江將軍的官職[116]。如此，張順延和年間的官號在義和年間也得到承認。

　　張頭子又名張弘震。從其妻孟氏墓表可知，張頭子在義和元年（614）六十九歲時的官職是侍郎。從張頭子的年齡看，其侍郎的官職當非政變政權所授。另外，張頭子墓表爲重光二年（621）所書，

如果此侍郎爲政變政權所授，"重光復辟"後再將此官號寫入墓表中是難於想象的。故可以認爲張頭子延和年間的官號在義和年間還在使用。

因唐舒平墓表殘缺，唐舒平所任官職不能全部讀出。但以唐元護妻令狐氏墓表補唐舒平墓表之殘，其官職可讀作"鎮西府將遷户曹參軍轉遷□□□□後更轉遷（追贈）録事參軍"[117]。唐舒平在延和二年（603）爲鎮西府將，到義和四年（617）經歷了"遷户曹參軍，轉遷□□□□"的升遷。這一系列的升遷當不會都是義和年間的事。故可推斷，唐舒平墓表不但記入了延和年間的官職，還記入了義和年間的官職，其連續性顯而易見。

氾氏的死亡年齡是七十歲以上。氾氏墓表中所見氾氏任官經歷當不會限於義和元年至義和四年的四年間（614—617）。由此可推測，氾氏墓表中所見官號也應包含義和以前的官號。

通過以上墓表可以認識到，"義和政變"時期，高昌國的官僚階層未出現明顯變化，其官僚組織基本繼承延和年間的官僚體系。

通過以上分析研究，可對"義和政變"得出如下認識：1."義和政變"在高昌國的影響範圍是非常小的；2."義和政變"未改變麴氏政權的官僚組織；3."義和政變"未改變麴氏高昌政權的政府職能。

根據王素的研究，"義和政變"的首領應是麴氏家族的人。對此，筆者根據上文研究結果，得出"義和政變"當爲麴氏家族内部鬥爭的判斷。如果政變不限定在麴氏王族内部，這種未出現任何變化的政變當無法理解。國王家族内部的鬥爭，當即爭奪王權的鬥爭。進而筆者認爲，"義和政變"很可能是發生在麴氏高昌國的一次"宫廷政變"。這種"宫廷政變"發生的歷史背景是什麽？這是接下來要討論的問題。

應該引起注意的是，麴伯雅携王子麴文泰朝隋期間，代理麴伯雅在高昌國行使王權的人是誰？[118]對此問題，吳震認爲，"伯雅携文泰朝隋，一去四年，高昌王朝勢必倚重張雄父子維持"[119]。然而非王族的張氏父子作爲麴伯雅的最高代理人是難於理解的。[120]在張氏父子之上還應有地位更高的人，而高於張氏父子的人應是麴氏王族的人。所以麴伯雅的代理人是麴氏王族的可能性當不容置疑。甚至更可以推定，此代理人當爲麴文泰之外的另一位王子。[121]以上推論如不誤，"義和政變"的背景問題也就可以進一步作如下推斷，即作爲麴伯雅代理人的高昌王子在麴伯雅朝隋期間培養了自己的勢力。而麴文泰的歸國，威脅了王子的既得利益。王子爲了保住自己的既得利益，借助"解辮削衽"令引起鐵勒不滿這一契機[122]，發動政變。

結　語

由於史料缺乏，"義和政變"的研究還有許多問題未能解決。本文并非關於"義和政變"的全面研究，而僅針對以高昌墓塼爲史料能夠說明的問題進行探討。就其主要内容作一總結，可概括爲以下幾點：1.明確了"重光復辟"最後勝利的時間非重光元年（620）二、三月以降，而是重光元年（620）正月。2.通過對TAM386號墓出土文獻的考察，考證出義和六年（延和十八年，619年）九月，復辟政權已經占領田地城，"重光復辟"進入"局部勝利"階段。3.通過對重光元年（620）二、三月六方墓塼的考察，發現"重光復辟"時義和政變政權出現了分裂迹象。4.夏田殘券中"延和"年號的出現與義和政變政權的内部分裂有關。5.在以上研究的基礎上進一步將"重光復辟”分爲三期。第一期爲義和政權分裂期，時間爲義和六年（619）二月前後；第二期爲軍事復辟期，“重光復辟”從“局部勝利”發展到“全面勝利”，時間爲義和六年（619）九月或九月前到延和十九年（重光元年，620年）正月；第三期爲王國再建期，時間爲重光元年（620）二月。6.提出“義和政變”爲王子爭權而引起的“宮廷政變”的觀點。

本文完稿之後，筆者又拜讀了王素的近刊大作《高昌史稿·統治編》一書。其中關於“義和政變”的篇章雖引用了一些新的資料，進一步明確了政變集團是以麴氏家族爲首[123]，但基本觀點還是同於《麴氏高昌國“義和政變”補説》一文中的論述，故本文也就未作進一步改動。然而圍繞“義和政變”是否爲王子爭權引起的“宮廷政變”這一觀點，應作研究的内容還有很多。如麴文泰是否以世子的身份在隋入質四年，又如麴文泰在“解辮削衽”令的策劃中所起的作用等[124]。這些問題的解決，對認識麴文泰在政變中的地位有着十分重要的作用。但由於問題複雜，只好等待新資料的發現再作進一步探討了。

注　釋

[1] 吐魯番出土的墓誌，絶大多數是塼質的，所以自黄文弼先生起稱之爲墓塼。就其自名而言，高昌國時期的多稱墓表，唐滅高昌國以後墓表、墓誌并稱。

[2] 參考穆順英、王炳華主編《隋唐五代墓誌匯編·新疆卷》，天津：天津古籍出版社，1991年，第182頁。

[3] 吴震：《麴氏高昌國史索隱——從張雄夫婦墓誌談起》，《文物》1981年第1期，第38—46頁。

[4] 〔日〕關尾史郎:《「義和政変」前史: 高昌国王麴伯雅の改革を中心として》,《東洋史研究》第52卷第2號, 1993年, 第153—174頁。

[5] 〔日〕關尾史郎:《「義和政変」新釈—隋·唐交替期の高昌国·遊牧勢力·中国王朝》,《集刊東洋学》第11卷第70號, 1993年, 第41—57頁。

[6] 王素:《麴氏高昌"義和政變"補説》, 載《敦煌吐魯番研究》(第一卷), 北京: 北京大學出版社, 1996年, 第177—194頁。

[7] 孟憲實、姚崇新:《從"義和政變"到"延壽改制"——麴氏高昌晚期政治史探微》, 載《敦煌吐魯番研究》(第二卷), 北京: 北京大學出版社, 1997年, 第163—188頁。

[8] 前揭吳震《麴氏高昌國史索隱》, 第43頁。

[9] 前揭〔日〕關尾史郎「義和政変」新釈》, 第53頁, 注釋5。

[10] 72TAM151:14, 見唐長孺主編《吐魯番出土文書·貳》(圖錄本), 北京: 文物出版社, 1994年, 第90頁。

[11] 前揭王素《麴氏高昌"義和政變"補説》, 第188—189頁。

[12] 前揭吳震《麴氏高昌國史索隱》。

[13] 前揭〔日〕關尾史郎《「義和政変」前史》。

[14] 前揭王素《麴氏高昌"義和政變"補説》。

[15] 前揭吳震《麴氏高昌國史索隱》。

[16] 前揭唐長孺主編《吐魯番出土文書·貳》(圖錄本), 第98頁。

[17] 據白須净真的研究發現, 麴氏高昌的年號有其相承性, "義和"接"延和", 沒有脱離麴氏高昌年號的繼承規律。參考同氏《アスターナ·カラホージャ古墳群の墳墓と墓表·墓誌とその編年(一):三世紀から八世紀に亘る被葬者層の変遷をかねて》,《東洋史苑》第34、35合并號, 1990年, 注釋49。

[18] 前揭王素《麴氏高昌"義和政變"補説》。

[19] 參考前揭穆順英、王炳華主編《隋唐五代墓誌匯編·新疆卷》, 第182頁。

[20] 《義和五年延隆等役作名籍》, 73TAM206:42, 參考前揭唐長孺主編《吐魯番出土文書·貳》(圖錄本), 第299頁。

[21] 《義和六年伯延等傳付麥、粟、床條》, 60TAM331:12, 參考唐長孺主編《吐魯番出土文書·壹》(圖錄本), 北京: 文物出版社, 1992年, 第355—357頁。

[22] 前揭吳震《麴氏高昌國史索隱》, 第43頁。

[23] 參考前揭同氏《麴氏高昌"義和政變"補説》, 第189—190頁。然而王素在此文中又説"麴伯雅復辟應在(620年)二月以前"。如此王素所謂"是年冬"應括620年的一月。

[24] 前揭〔日〕關尾史郎《「義和政変」新釈》, 第46頁。

[25] 前揭孟憲實、姚崇新《從"義和政變"到"延壽改制"》, 第177頁。

[26] 孟憲實:《關於麴氏高昌晚期紀年的幾個問題》, 載王元化主編《學術集林》(卷十),

上海：上海遠東出版社，1997年，第300—301頁。

[27] 〔日〕小田義久：《麴氏高昌国時代の仏寺について》，《龍谷大学論集》第433號，1989年，第68—69頁。

[28] 如前揭《延和十九年寺主智□舉麥粟券》等所示。

[29] 參考拙文《麴氏高昌墓磚の紀年問題》，《歷史研究》第37號，大阪教育大學編印，1999年；另參見拙文《高昌墓塼書式研究——以"紀年"問題爲中心》，《新疆師範大學學報》（哲學社會科學版），2004年第1期。

[30] 根據佐藤智水的研究，麴氏高昌國實行逾年改元制。白須净真支持此説。參考〔日〕佐藤智水《麴氏高昌国の王統について》，《シルクロード》第5卷第5號，1979年；前揭〔日〕白須净真《アスターナ・カラホージャ古墳群の墳墓と墓表・墓誌とその編年（一）》。

[31] 參考前揭唐長孺主編《吐魯番出土文書・貳》（圖録本），第299頁注釋。

[32] 前揭孟憲實、姚崇新《從"義和政變"到"延壽改制"》。

[33] 前揭孟憲實《關於麴氏高昌晚期紀年的幾個問題》，第300頁。

[34] 參考鄭學檬《吐魯番出土文書"隨葬衣物疏"初探》，載韓國磐主編《敦煌吐魯番出土經濟文書研究》，厦門：厦門大學出版社，1986年。

[35] 此追贈令資料發表於孟憲實、姚崇新二氏論文發表之後。孟、姚二氏若見到此資料，當不會有以上結論。

[36] 語出柳洪亮《新出吐魯番文書及其研究》，烏魯木齊：新疆人民出版社，1997年，第173頁。

[37] 如永平二年（550）畫承及夫人張氏墓表（黄文弼：《高昌塼集》）前半是畫承死亡時的刻銘墓文，後半是夫人王氏埋葬時於畫承墓表的空白處填寫的朱書墓文。

[38] 高昌墓塼的放置位置與中原不同。中原墓誌於墓室中，而高昌墓塼鑲嵌於墓道側面，主要起標識作用。故移葬時未將舊墓表取走的可能性很大。

[39] 據片山章雄發表在《吐魯番出土文物研究会会報》第22號上的《七世紀初頭の鐵勒・西突厥と高昌》一文，北條祐英最開始注意到重光元年二月的這四方墓塼。然而從全體高昌墓塼來看，重光元年三月的兩方墓塼也應該引起注意。

[40] 至今出土麴氏高昌國時期二百一十二方墓表（537年至640年八月），平均每年兩方。

[41] 此三方墓塼的長方形造型、統一的書式等有别於其他高昌墓塼，這是否能説明此三人的葬禮有着統一的規格和安排等還有待考證。相關圖版參考前揭穆順英、王炳華主編《隋唐五代墓誌匯編・新疆卷》，第107、108、110頁。

[42] 參考侯燦《麴氏高昌王國官制研究》，後收入同氏《高昌樓蘭研究論集》，烏魯木齊：新疆人民出版社，1990年。

[43] 侯燦：《解放後新出土吐魯番墓誌録》，載《敦煌吐魯番文獻研究論集》（第五輯），

北京：北京大學出版社，1990年，第578頁。

[44] 〔日〕白須净真:《高昌門閥社会の研究—張氏を通じてみたその構造の一端》,《史學雜誌》第88卷第1號，1979年，第32頁。

[45] 前揭侯燦《解放後新出土吐魯番墓誌録》，第578頁。

[46] 參考前揭穆順英、王炳華主編《隋唐五代墓誌匯編·新疆卷》，第182頁。

[47] 參考張阿質妻麴氏墓表，前揭侯燦《解放後新出土吐魯番墓誌録》，第575頁。

[48] 參考張仲慶妻焦氏墓表，前揭侯燦《解放後新出土吐魯番墓誌録》，第578頁。

[49] 參考《吐魯番縣阿斯塔那—哈拉和卓古墓群清理簡報》，《文物》1972年第1期；前揭唐長孺主編《吐魯番出土文書·壹》(圖録本)，第392頁。

[50] 據白須净真研究，在麴氏高昌國能够使用墓表的人被嚴格限定在官僚階層。《トゥルファン古墳群の編年とトゥルファン支配者層の編年—麴氏高昌国の支配者層と西州の在地支配者層》,《東方学》第84輯，1992年，第118頁。

[51] 參考王素《麴氏高昌曆法初探》，載國家文物局古文獻研究室編《出土文獻研究續集》，北京：文物出版社，1989年，第148—180頁。

[52] 前揭吳震《麴氏高昌國史索隱》。

[53] 參考張武忠墓表 (前揭侯燦《解放後新出土吐魯番墓誌録》，第576頁) 及張雄夫人麴氏墓誌 (前揭穆順英、王炳華主編《隋唐五代墓誌匯編·新疆卷》，第182頁)。張雄之"護軍大將軍"按侯燦的研究應屬一等，是個罕見的例子。參見侯燦《麴氏高昌王國官制研究》，載同氏《高昌樓蘭研究論集》，烏魯木齊：新疆人民出版社，1990年，第48頁。

[54] 前揭吳震《麴氏高昌國史索隱》。

[55] 在政變政權統治的六年間，身處政變政權中的張鼻兒是否也得到了晉升？如果這個問題不能得到説明，張鼻兒在政變政權中的身份也就無法確認。筆者曾與孟憲實先生私下討論這一問題，孟憲實推測，張鼻兒也有可能是在政變時未能與麴伯雅一起逃出吐魯番而被政變政權俘虜，在麴伯雅復辟時被政變政權所殺。筆者認爲，政變政權的官號當不會被復辟政權承認。如果張鼻兒在政變政權中得到晉升，從政變政權得到的官號也不可能被寫進復辟後的墓表。

[56] 前揭吳震《麴氏高昌國史索隱》，第43頁。

[57] 前揭〔日〕關尾史郎《「義和政變」新釈》，第49頁。

[58] 前揭孟憲實《關於麴氏高昌晚期紀年的幾個問題》，第300—301頁。

[59] 《隋書》卷八三《高昌》，北京：中華書局，1973年，第1847頁。

[60] 前揭侯燦《解放後新出土吐魯番墓誌録》，第579頁。

[61] 前揭侯燦《解放後新出土吐魯番墓誌録》，第581—582頁。

[62] 從義和政權得到的官職不可能寫進重光年間的墓表。以此判斷，張頭子在義和政權中的侍郎官職當爲義和前所授予，而祀部司馬當是復辟後授予。

[63] 張雄夫人麴氏墓誌中"經始艱難"一語可作此注。

[64] "義和政變"以後，文獻中所能見到高昌國遣使中原始見於唐武德二年（619）七月麴伯雅遣使（《舊唐書》卷一《高祖本紀》,《資治通鑑》卷一八七《唐紀》），當時從高昌到長安的路程要一個月以上（參考前揭王素《麴氏高昌"義和政變"補說》，第190頁），"七月乙酉"（七月十九日）到達長安，其出發之日當在六月中旬。據《舊唐書》卷一九八《焉耆》記載，"自隋末罹亂，磧路遂閉，西域朝貢者皆由高昌"。如此，麴伯雅使臣的通使路綫當有高昌一站。然而麴伯雅的使臣通過政變政權占領的高昌是難於想象的。因此麴伯雅的使臣應不是經過高昌，而是從高昌出發，從而可以想定，復辟很有可能從六月就已經開始。

[65] 前揭孟憲實、姚崇新《從"義和政變"到"延壽改制"》，第177頁。

[66] 參考前揭王素《麴氏高昌曆法初探》，1989年，第173—174頁。

[67] 也有學者認爲，麴伯雅朝隋數年，政變勢力利用此機會發動政變并取得了成功。參考宋曉梅《麴氏高昌國張氏之仕宦——張氏家族研究之一》，《西北民族研究》1991年第2期；鄭學檬《隋和高昌王朝關係考察》，載《中國古史論從》，石家莊：河北教育出版社，1995年。

[68] 前揭〔日〕關尾史郎《「義和政変」前史》，第157頁。

[69] 前揭〔日〕關尾史郎《「義和政変」前史》，第167—168頁。

[70] 《隋書》卷八三《高昌》，第1847頁。

[71] 參考前揭〔日〕白須净真《高昌門閥社会の研究》注釋57的構造圖。另外，關於"庶人以上"是否包含"庶人"階層，在此文句中很難判斷。至今諸研究對此問題雖没有專題論述，但認爲包含庶人是普遍觀點。然而如果包含庶人，那麼詔書寫作"國人皆宜解辮削衽"也是可以理解的。如此也就不必特意强調"庶人以上"了。

[72] 《隋書》卷八三《高昌》，第1848頁。

[73] 《隋書》卷八三《高昌》，第1848頁。

[74] 參考前揭王素《麴氏高昌"義和政變"補說》，第186頁。

[75] 公元640年唐討伐高昌國的原因之一，就有"修營輿輦，僭侈無度"一條罪狀。參考《册府元龜》卷九八五《外臣部·征討第四》，南京：鳳凰出版社，2006年，第11402頁。

[76] 錢伯泉：《鐵勒國史鈎沉》,《西北民族研究》1992年第1期，第98頁。

[77] 前揭〔日〕關尾史郎《「義和政変」前史》，第166頁。

[78] 〔日〕嶋崎昌：《隋書高昌伝解説》，載《隋唐時代の東トゥルキスタン研究—高昌国史研究を中心として》，東京：東京大學出版會，1983年，第332頁。

[79] 前揭王素《麴氏高昌"義和政變"補說》，第187頁。

[80] 麴伯雅先下"解辮削衽"令，後遣使"請被冠帶"。由此推斷麴伯雅的"解辮削衽"令應該是未向隋請求的情況下作出的。

[81] 王素對此問題未明確表態，但他認爲"解辮削衽"改革的失敗與鐵勒無關這一觀點
與關尾史郎一致。參考前揭王素《麴氏高昌"義和政變"補説》。

[82]《舊唐書》卷一九九《鐵勒》，北京：中華書局，1975年，第5344頁。

[83] 前揭〔日〕關尾史郎「義和政変」新釈》，第48頁；又見前揭〔日〕關尾史郎
《「義和政変」前史》，注釋30。

[84] 吳玉貴：《西突厥新考——兼論〈隋書〉與〈通典〉、兩〈唐書〉之"西突厥"》，《西
北民族研究》1988年第1期，第130頁。

[85] 姜伯勤：《敦煌吐魯番文書與絲綢之路》，北京：文物出版社，1994年，第113頁。

[86] 前揭錢伯泉《鐵勒國史鈞沉》。

[87]《隋書》卷八四《鐵勒》載："大業元年（605），突厥處羅可汗擊鐵勒諸部，厚稅斂
其物，又猜忌薛延陀等，恐爲變，遂集其魁帥數百人，盡誅之。由是一時反叛，拒
處羅。"

[88] 吳玉貴也認爲是受到了鐵勒的襲擊（前揭吳玉貴《西突厥新考》，第130頁）。錢伯
泉進一步認爲劫掠處羅的是鐵勒契苾部落的人（前揭錢伯泉《鐵勒國史鈞沉》，第
98頁）。

[89] 參考前揭王素《麴氏高昌"義和政變"補説》，第187頁。

[90] 關尾史郎認爲隋的使臣到達高昌的時間應在大業九年（613）下半年。參考前文。

[91] 前揭孟憲實、姚崇新《從"義和政變"到"延壽改制"》，第289頁。

[92] 前揭姜伯勤《敦煌吐魯番文書與絲綢之路》，第106—107頁。針對姜伯勤的研究，
錢伯泉有不同觀點，他認爲指的是鐵勒薛延陀部。（參考前揭錢伯泉《鐵勒國史鈞
沉》，第94頁）荒川正晴先生對此問題曾當面教示，阿都莫（寅）的全名也有可能
是"阿都莫寅"。若如此，阿都莫寅當是粟特語的人名。[此問題可參考荒川正晴
《トゥルファン出土漢文文書に見える ulaγ について》，《内陸アジア言語の研
究》第9卷，1994年，第1—5頁；同文中文版載於《出土文献研究》（第3輯），北
京：中華書局，1998年，第198—211頁]

[93]《隋書》卷八三《高昌》有"鐵勒恒遣重臣在高昌國"的記載。寧遠將軍阿都莫是
否爲鐵勒重臣是一個值得注意的問題。

[94] 參見吳玉貴《突厥汗國及其對西域的統治》，載余太山主編《西域通史》，鄭州：
中州古籍出版社，1996年，第143頁。

[95]《新唐書》卷二一七下《回鶻下》載："薛延陀者……姓一利咥氏。在鐵勒諸部最雄
張……西突厥處羅可汗之殺鐵勒諸酋也，其下往往相率叛去，推契哥楞爲易勿真
莫賀可汗，據貪汗山，奉薛延陀乙失鉢爲野咥可汗，保燕末山。而突厥射匱可汗復
彊，二部黜可汗號往臣之。回紇、拔野古、阿跌、同羅、僕骨、白霄在鬱督軍山
者，東附始畢可汗；乙失鉢在金山者，西役葉護可汗。貞觀二年（628），葉護死，
其國亂，乙失鉢孫曰夷男，率部帳七萬附頡利可汗。後突厥衰，夷男反攻頡利，弱

之，於是諸姓多叛頡利，歸之者共推爲主。"（北京：中華書局，1975年，第6134頁）
由此記載可知，鐵勒的薛延陀部在貞觀初年還具有很大的勢力。

[96] 對此問題，北條祐英認爲所謂統葉護并鐵勒是指統葉護在射匱統治時期領兵兼并的鐵勒。參見〔日〕北條祐英《西突厥の東方経略とその影響について》，《東海史学》第25號，1990年，第73—92頁。

[97] 前揭姜伯勤《敦煌吐魯番文書與絲綢之路》，第113頁。

[98] 參考吳玉貴《高昌供食文書中的突厥》（《西北民族研究》1991年第1期，第46—66頁）及王欣《魏氏高昌王國與北方游牧民族的關係》（《西北民族研究》1991年第2期，第189—197頁）相關內容。

[99] 據《資治通鑑》卷一八七《唐紀》載，武德二年（619）秋七月"乙酉，西突厥統葉護可汗、高昌王麴伯雅各遣使入貢"（北京：中華書局，1956年，第5859頁）。據此可知，統葉護可汗當在619年上半年業已即位。

[100] 以上引文均見前揭錢伯泉《鐵勒國史鈎沉》，第98頁。

[101] 《隋書》卷八三《高昌》："（高昌）北有赤石山，山北七十里有貪汗山，夏有積雪。此山之北，鐵勒界也。"赤石山即今吐魯番之火焰山。

[102] 前揭吳震《麴氏高昌國史索隱》，第43頁。

[103] 筆者得出以上結論時，也有必要對兩《唐書·突厥》中有關高昌與東突厥關係的記載作說明。《舊唐書》卷一九四上《突厥上》載："始畢可汗咄吉者，啓民可汗子也。隋大業中嗣位，值天下大亂，中國人奔之者衆。其族强盛，東自契丹、室韋，西盡吐谷渾、高昌諸國，皆臣屬焉。"（北京：中華書局，1975年，第5153頁）《新唐書》卷二一五上《突厥上》載："隋大業之亂，始畢可汗咄吉立，華人多往依之，契丹、室韋、吐谷渾、高昌皆役屬，竇建德、薛舉、劉武周、梁師都、李軌、王世充等倔起虎視，悉臣尊之。"（北京：中華書局，1975年，第6028頁）通過這兩條記載可知，在隋末大亂，也正好是高昌義和時期，高昌國還曾臣屬於東突厥。如此，這似乎就與以上鐵勒控制高昌國的結論有所矛盾。然而在鐵勒控制高昌國時期，高昌國在607和608年兩次遣使朝隋，據王素《麴氏高昌"義和政變"補說》可知，高昌王麴伯雅也曾在609年六月和611年五月兩次朝隋。又據吳震《麴氏高昌國史索隱》可知，與此同時高昌王子麴文泰也曾入隋爲質四年。這說明鐵勒雖控制高昌，但也只局限在經濟掠奪上。高昌國作爲一個政治實體，有其獨立的外交權。而兩《唐書》中高昌國對東突厥的"臣屬"與"役屬"大概只能說明高昌國與東突厥的一種外交關係。

[104] 前揭〔日〕關尾史郎《「義和政變」前史》，第157頁。關尾史郎此觀點是否是麴伯雅"解辮削衽"改革的目的，在此暫不討論。然而從鐵勒的立場看，關尾史郎的觀點也可以理解爲鐵勒對麴伯雅改革的認識。

[105] 參考前揭王素《麴氏高昌"義和政變"補說》，第188頁。

[106] 參考前揭余太山主編《西域通史》，第四編，第二章，第二节。

[107] 文書的書寫者寫了"延和"的"延"字後意識到寫錯。這反映了義和改元在高昌國民中并未留下特別深刻的印象。

[108] 前揭〔日〕小田義久《麴氏高昌国時代の仏寺について》，第68—91頁。

[109] 前揭侯燦《解放後新出土吐魯番墓誌録》，第578—579頁。

[110] 前揭侯燦《解放後新出土吐魯番墓誌録》，第579頁。

[111] 前揭侯燦《解放後新出土吐魯番墓誌録》，第579頁。

[112] 前揭侯燦《解放後新出土吐魯番墓誌録》，第581—582頁。

[113] 前揭黃文弼《高昌塼集》。

[114] 前揭黃文弼《高昌塼集》。

[115] 前揭侯燦《解放後新出土吐魯番墓誌録》，第579—580頁。

[116] 在高昌墓塼中，妻的墓表中只記入其夫的最高官職（如夫先死，則只記入夫的追贈官號）是很普遍的。張順的最高官職是屬四等的淩江將軍，但張順的追贈官號是屬三等的三曹郎中。麴氏墓表中爲什麼不記入其夫的最高官職原因不明。

[117] "鎮西府將"的官號在唐仲謙墓表（參考前揭黃文弼《高昌塼集》）中出現過。有關麴氏高昌官制的諸研究中，未見對此官號的研究內容。因唐仲謙墓表中沒有可作比較的官職，鎮西府將一職的等級不明。唐舒平墓表"鎮西府"三字之後的文字殘，"鎮西府□"是否官號無法判斷。但從唐元護妻令狐氏墓表可知，唐舒平最初的官職爲内將，由此可知墓表中户曹參軍非其最初官職。如此，"鎮西府□"當爲官號"鎮西府將"，亦可推斷"內將"很可能是"鎮西府將"的別稱。

[118] 據研究，麴伯雅携子麴文泰自大業五年（609）六月至張掖朝拜煬帝，九月隨煬帝入長安，至大業八年（612）底返國。麴伯雅父子共滯留在隋近四年。然而王素的研究結果表明，大業六年二月或三月麴伯雅曾歸蕃，至七年五月再度入隋，麴伯雅朝隋時間實際上不是四年。（前揭王素《麴氏高昌"義和政變"補説》，第181—185頁）但不管麴伯雅在這期間是否歸蕃，麴伯雅曾長期在外這一史實不可否定。

[119] 前揭吳震《麴氏高昌國史索隱》，第44頁。此外，宋曉梅也認爲"伯雅在外期間，前國事當委任（張）雄主管"，其根據是張雄夫人麴氏墓誌中"君執奉羈靮"的記載。（前揭同氏《麴氏高昌國張氏之仕宦》，第205頁，注釋2）然而將此句與前後文相參考，恐宋氏對此文理解有誤。

[120] 在此還應注意麴氏父子朝隋期間張氏父子之所在。文獻中雖未見此問題的明確記載，但麴伯雅朝隋期間有高昌的官員隨從是可以理解的。如此，張氏父子是否隨麴氏父子去了隋是一個值得考慮的問題。從張雄與麴文泰的關係（麴文泰爲"重光復辟"的領導者，張雄爲"重光復辟"的主要功臣。參考前揭孟憲實、姚崇新《從"義和政變"到"延壽改制"》）及張鼻兒留在政變政權的結果看，張雄很可能同麴文泰一起滯留在隋四年，而張鼻兒很可能作爲麴伯雅代理人的輔佐留在了

高昌。此外還應注意到，在麴氏高昌國，張氏家族雖是一個特殊的存在，但張氏家族真正走向其權利的頂峰，應是在"重光復辟"後的張雄一代。

[121] 有關麴伯雅的王子的消息，除麴文泰外未見文獻記載。然而作爲國王的麴伯雅當不會只有麴文泰一位王子。

[122] 針對鐵勒支援政變說，筆者認爲，處於鐵勒勢力範圍内的高昌國，即使發生政變，其屬國的關係也不會發生改變。所以鐵勒不會過多干涉。

[123] 王素:《高昌史稿·統治編》，北京: 文物出版社，1998年。

[124] 據筆者初步認識，"解辮削衽"很可能是以從中原歸來不久的麴文泰爲主導的旨在以隋爲後盾來加強自己地位的漢化政策。

十六國時期碑形墓誌源流考[*]

　　至今爲止有關隋唐以前墓誌源流的研究，多集中在墓誌起源等問題上，[1]而對於這期間碑形墓誌源流問題尚未見有專文探討[2]。雖然也見到一些以時代、地域或者單例墓誌爲中心的墓誌研究[3]，但基本没有涉及碑形墓誌的源流問題。近幾年，筆者由於研究新疆吐魯番出土的高昌墓塼[4]，對魏晉南北朝時期墓誌源流的一些問題有所涉獵，略有心得，特撰此文以求正於方家。

　　迄今所見漢至西晉時期的墓誌均爲河南、山東等地出土的碑形墓誌。[5]進入東晉十六國時期後，中原政權南移，墓誌的使用中心也南移到了以今南京爲中心的江南地區，并且墓誌形制以方形爲主。這一時期在北方雖然也有零星的墓誌出土，但仍然保持着西晉時代的碑形形制。然而與西晉的碑形墓誌出土地點相對集中在中原地域的狀況相比較，其出土地點分散在西北各地，非常散亂。

　　十六國時期[6]的碑形墓誌到底是一種什麽樣的存在呢？本文將以此問題爲中心進行探討。

---

*　本文爲筆者於 2002 年在大阪大學攻讀博士學位時撰寫。由於材料缺乏，初稿完成之後一直束之高閣。此後在 2005 年和 2006 年的西北考察中，筆者分別在寧夏固原和甘肅張掖發現了能有力支持本論觀點的重要資料，因此不揣冒昧發表此文。原載《文史》2008 年第 2 期。

有關十六國時期碑形墓誌的先行研究

有關十六國時期碑形墓誌的研究，據管見所知，主要有趙超和兼平充明二氏的相關論著。趙超認爲，"十六國時期西北地區的一些官員中存在着這樣一種喪葬禮俗，即在墓中安放小碑形狀的墓表。對照晉代墓葬的情況，很明顯，這種習俗應該是沿襲了晉代的喪葬制度。由此可見，晉代，在地位較高的官員墓中竪立小碑的做法基本上形成了一定的制度，并且往往把這種小碑稱作墓表"[7]。兼平充明認爲，十六國時期的圓首碑形墓誌雖然基本自稱"墓表"，其内容和機能與墓誌并不完全相同，可以説是十六國時期特有的一種石刻。兼平氏進而指出，墓表與墓誌有着不同的性質和機能，可以認爲，墓表是墓誌形成前的一種形態。[8]

以上關於十六國時期碑形墓誌的研究，既有將十六國碑形墓誌與西晉碑形墓誌相提并論的觀點，也有將其看作一個時期特有的石刻形態的結論。但由於在西晉時期的碑形墓誌中并未發現"墓表"的自稱[9]，筆者認爲，前者的觀點還須進一步細化探討。後者的研究可以説是有關十六國時期碑形墓誌最早的專題研究。然而雖然其强調墓表是墓誌形成前的一種形態，但是并沒有對此結論作進一步説明，對十六國時期以"墓表"爲自稱的碑形墓誌的地域性偏差也沒有進行任何探討。

可以認爲，至今爲止雖然有以上列舉的有關十六國時期碑形墓誌的相關探討，但是并未出現有關其源流問題的研究。

碑形墓誌資料的整理與分析

在對十六國時期碑形墓誌進行整理分析之前，爲了明確十六國時期碑形墓誌與其前後各時代碑形墓誌的差異，對隋以前（包括隋）的碑形墓誌，根據墓誌主姓名、紀年、公曆、墓主本籍、墓誌出土地、墓誌自稱、誌首形態、墓誌本體的高寬厚、墓誌質地、墓誌銘文字數、銘文書刻形式、書體等内容作了一個統計（參見表1）。

表1　漢、魏晉南北朝、隋時期碑形墓誌相關資料統計表

序號	墓誌主	紀年	公元紀年	墓主本籍	出土地	誌自稱	誌首	尺寸（單位：厘米）	質地	字數	書刻形式	書體
1	肥致	建寧二年	169	河南梁東安樂	河南偃師	碑	圓首	98×48×9.5	石	512	單面陰刻	隸書
2	孫仲隱	熹平三年	174	北海高密	山東高密		圭首	88×34	石	51	單面陰刻	隸書
3	王文伯（？）	太康八年	287	不明	河南洛陽	不明	圭首	22（殘）×17	石	不明	單面陰刻	隸書
4	徐夫人菅洛	永平元年	291	□郡	河南洛陽	墓碑	圓首	58×24.4	石	244	兩面陰刻	隸書
5	成晃	元康元年	291	陽平	河南洛陽	碑	圓首	69.3×28.8	石	172	單面陰刻	隸書
6	荀岳	元康五年	295	穎川	河南洛陽	墓	圭首	59（殘）×41	石	692	四面陰刻	隸書
7	王侯	元康六年	296		河南洛陽	碑	圓首	64×21	不明	186	兩面陰刻	隸書

序號	墓誌主	紀年	公元紀年	墓主本籍	出土地	誌自稱	誌首	尺寸（單位：厘米）	質地	字數	書刻形式	書體
8	賈充妻郭槐	元康六年	296	太原陽曲	河南洛陽	柩	圭首	76×31.2	石	172	單面陰刻	隸書
9	魏雛	元康八年[11]	298		河南洛陽	柩	圓首	45.4×21	塼	151	兩面陰刻	隸書
10	趙氾	元康八年	298	河南河南	河南洛陽	表	圓首	78×33×8.5	石	341	單面陰刻	隸書
11	徐義	元康九年	299	城陽東武	河南洛陽	銘	圭首	86×50	石	1002	兩面陰刻	隸書
12	張朗	永康元年	300	沛國相	河南洛陽	碑	圓首	53×27	石	418	兩面陰刻	隸書
13	劉寶	永康二年	301	高平	山東鄒縣	銘表	圓首	44×21.5×5	石	57	單面陰刻	隸書
14	劉韜		265—316		河南偃師	墓	圭首	58.4×16.4	石	47	單面陰刻	隸書
15	張鎮	太寧三年	325	吳國吳	江蘇苏州		圓首	45.6×29.5×13.5	石	98	兩面陰刻	隸書
16	梁舒	建元十二年	376	安定郡烏氏縣	甘肅武威	墓表	圓首	37×26×5	石	74	單面陰刻	隸書
17	梁阿廣	建元十六年	380		寧夏固原	墓表	圓首	36×27.5×5	石	86	兩面陰刻	隸書
18	吕憲	弘始四年	402	略陽	陝西咸陽	墓表	圓首	66×34	石	37	單面陰刻	隸書
19	吕他	弘始四年	402	略陽	陝西咸陽	墓表	圓首	65×34	石	37	單面陰刻	隸書

序號	墓誌主	紀年	公元紀年	墓主本籍	出土地	誌自稱	誌首	尺寸（單位：厘米）	質地	字數	書刻形式	書體
20	尹氏	嘉興二年	418	不明	甘肅酒泉	墓表	圓首	9.8×24×3.1	塼	不明	單面陰刻	隸書
21	梁氏	不明	314—439	不明	甘肅嘉峪關	墓表	圓首	不明	塼	不明	不明	隸書
22	韓弩真妻	興安三年	454	幽州范陽郡方城縣	山西大同	碑	圓首	44×24	石	71	單面陰刻	楷書
23	且渠封戴	承十三年	455		新疆吐魯番	墓表	圓首	52×35×16	石	40	單面陰刻	隸書
24	劉賢		452—465	朔方	遼寧朝陽	墓誌	圓首	103×30.4×12	石	200	四面陰刻	隸書
25a	司馬金龍	大和八年	484	河内郡温縣	山西大同	墓表	圓首	64.2×45.7×10.5	石	74	單面陰刻	楷書
25b	司馬金龍	大和八年	484	河内郡温縣	山西大同	銘	圓首	71×56×14.5	石	74	單面陰刻	楷書
26	韓顯宗	太和廿三年	499	昌黎棘城	河南洛陽	墓誌	圭首	55.5×32.8	石	418	單面陰刻	楷書
27	封和突	正始元年	504	恒州代郡平城	山西大同	墓誌銘	圓首	42×33×8.3	石	141	單面陰刻	楷書
28	奚智	正始四年	507	恒州	河南洛陽		圓首	57×40	石	221	單面陰刻	楷書

序號	墓誌主	紀年	公元紀年	墓主本籍	出土地	誌自稱	誌首	尺寸（單位：厘米）	質地	字數	書刻形式	書體
29	元淑	永平元年	508	河南洛陽	山西大同	墓誌	圓首	79×43×8	石	554	兩面陰刻	楷書
30	賈瑾·賈晶	普泰元年	531	武威姑臧	山東長山	墓誌	圭首	93×57	石	678	正側陰刻	楷書
31	□子輝	天保九年	556	高柳	山西太原		圓首	121×52.5×13.5	石	423	單面陰刻	楷書
32	淳于儉	開皇八年	588	冀州清河	山東任城	墓誌銘	圓首	95×40	石	262	單面陰刻	楷書
33	張質	開皇廿年	600	青州安樂	四川奉節	墓誌	圓首	98.5×51	石	292	單面陰刻	楷書
34	劉猛進	大業五年	609	彭城綏輿里	廣東廣州	墓誌	圓首	76.7×35	石	979	兩面陰刻	楷書
35	徐智竦	大業八年	612	山東兗州	廣東廣州	墓誌銘	圓首	81×43.5	石	967	兩面陰刻	楷書

注：①上表各項如果墓誌銘文中没有相關信息，表格空白不填，如果相關内容殘缺，則注"不明"二字。

②"紀年"一項，如果墓誌銘文中有死亡年代和埋葬年代兩項，則記入死亡年代。如果没有紀年，則在"公元紀年"一項中填入推測年代。

③如果墓誌題額和銘文的書體不同，則"書體"一項中記入銘文書體。

　　至今爲止，已發表的傳世（包括實物和拓片）或考古出土隋以前（包括隋）的碑形墓誌共三十六件。[11]其中東漢兩件、西晉十二件、東晉一件、十六國時期六件、北朝十一件、隋四件。通過上表可知，漢和西晉時期的碑形墓誌基本出土於河南、山東等地，它們没有統一的名稱，有"碑""墓碑""柩""表""銘""銘表""墓"等自稱；形制有圓首碑形、圭首碑形（西晉時期還有方首碑形的）；書刻形式有單面陰刻，也有雙面或者四面陰刻；字數少者四十餘字，多者超過千字。然而到了東晉十六國時期，情況有所不同。比如出土地，東晉和十六國出土的七件碑形墓誌分別出土於江蘇、甘肅、寧夏和陝西，但是除了東晉的張鎮墓誌（表1）[12]，均自稱"墓表"，形制都是圓首碑形，書刻形式都是單面陰刻（梁阿廣墓表背面雖然也刻有銘文，但是與正面銘文性質有別），字數都少於百字。進入北朝以後，以上各項又開始出現變化，比如出土地雖然也見有新疆和遼寧，但大多集中在山西大同和河南洛陽等地區。墓誌名稱也開始出現變化，比如有稱"墓表"者，而更多的是"墓誌"和"墓誌銘"，在形制上也是圓首、圭首和方首均有出現。如此看來，十六國時期的墓誌應該有其時代特徵，下文逐一分析探討。

至今爲止出土十六國時期的碑形墓誌共六件，如果加上與這一時代有關的兩件，共八件。分別是梁舒墓表（376年）、梁阿廣墓表（380年）、呂憲墓表（402年）、呂他墓表（402年）、李超夫人尹氏墓表（418年）、梁氏墓表（314—439年）、且渠封戴墓表[13]（455年）、司馬金龍墓表[14]（484年）。下面先對這八件碑形墓誌進行整理和分析。

1. 梁舒墓表

梁舒墓表於1975年3月出土於甘肅省武威縣城西北的金沙公社。[15]該墓表圓首碑形，石質，有長方形蓮花紋底座。墓表本體高37厘米、寬26厘米、厚5厘米。碑額豎排陽刻篆書"墓表"二字，墓表銘文豎排陰刻，共九行，行八字，共七十二字。書體介於隸楷之間，錄文如下：

墓
表

涼故中郎中督護公
國中尉晉昌太守安
定郡烏氏縣梁舒字
叔仁夫人故三府錄
事掌軍中侯京兆宋
延女名華字成子以
建元十二年十一月
卅日葬城西十七里
楊墓東百步深五丈

圖1　梁舒墓表

圖2　梁舒墓表拓片

梁舒墓表是至今發現最早的有"墓表"自稱的碑形墓誌。銘文中的"建元"是前秦苻堅的年號，建元十二年即公元376年。前涼在這一年的八月被前秦苻堅所滅，[16]此墓表是前涼滅亡三個月後製作的。銘文中的"涼故中郎中督護公國中尉、晉昌太守"表明，墓表主梁舒是前涼張氏政權的官員。梁舒的事迹不見文獻記載。

2.梁阿廣墓表

梁阿廣墓表是2000年寧夏固原博物館於彭陽縣新集鄉徵集，現收藏在該博物館。[17]此墓表圓首碑形，沙石質，有長方形蓮花紋底座。墓表通高36厘米、寬27.5厘米、厚5厘米。碑額豎排陽文篆書"墓表"二字，銘文豎排陰刻，共九行，行八字，共七十二字。墓表背面也有兩行陰文銘刻，共十二字。銘文內容如下：

```
                    墓
                    表

居 川 葬 在 戌 十 西 將 秦
青 大 于 庚 終 六 川 襲 故
巖 墓 安 辰 以 年 梁 爵 領
川 荃 定 廿 其 三 阿 興 民
東 内 西 二 年 月 廣 晉 酋
南 壬 北 日 七 十 以 王 大
卅 去 小 丁 月 日 建 司 功
里 所 盧 酉 歲 丙 元 州 門
```

近年，日本學者町田隆吉先生發表相關研究。[18]梁阿廣墓表雖然銘文完整，但是銘文內容的解讀還存在一些問題。據"建元"年號可知，此墓表爲前秦遺物。建元十六年即公元380年，此時距前秦滅前涼僅四年。銘文中的"領民酋大、功門將"之官名及墓主梁阿廣之

圖3　梁阿廣墓表

圖4　梁阿廣墓表拓片

碑表及送終之
具於涼州作致

圖5　梁阿廣墓表（背面）

名均不見《晉書》《魏書》等相關文獻記載，"興晉王"之爵名也不見於有關十六國時期的編纂文獻。據嚴耕望、周一良諸位先生的研究，"領民酋長"在北魏是一種給予非漢族族長的官號。[19]進而町田隆吉先生認爲，梁阿廣"領民酋大"之官號，或許就是北魏同官號之源。然而梁阿廣另有"功門將"之官號，表明其地位似乎又與一般族長不同。西川，晉屬安定郡[20]，即今寧夏固原。這與梁阿廣墓表的出土地吻合。從行文看，西川當是梁阿廣的祖籍，然而墓表背部銘文"碑表及送終之具，於涼州作致"表明梁阿廣與涼州有着密切關係。梁姓，本安定之大姓[21]，然而梁阿廣似乎與東漢盛極一時的安定梁氏并非同族。町田隆吉先生認爲梁阿廣的祖先或許是從涼州遷居到安定郡的屠各種之梁氏。

3.呂憲墓表

呂憲墓表於清末光緒年間出土於陝西咸陽。[22]初被端方收藏，後流落東洋，現陳列在日本東京的書道博物館。[23]該墓表圓首碑形，石質，有長方形碑座。墓表本體高66厘米、寬34厘米，碑座數據不明，碑額橫排陰刻隸書"墓表"二字，銘文竪排陰刻，共六行，行五至六字不等，共三十五字。書體爲隸書，錄文如下：

墓表

弘始四年十二
月乙未朔廿七
日辛酉秦故遼
東太守略陽呂
憲葬於常安北
陵去城廿里

圖6　吕憲墓表

　　吕憲墓表銘文中的“弘始”是後秦姚興的年號，弘始四年爲公元402年。吕憲爲後涼吕纂的從叔，吕光之弟。[24]銘文中的常安即長安，後秦建初元年（386）姚萇在長安僭稱帝號，改長安爲常安。[25]吕憲墓表出土於後秦領地常安的問題，清人陸增祥根據《晉書》卷一二二《吕隆》中“（姚）碩德表隆爲使持節、鎮西大將軍、涼州刺史、建康公。於是遣母弟愛子文武舊臣慕容筑、楊穎、史難、閻松等五十餘家質于長安，碩德乃還”[26]的記載認爲，“吕憲蓋在五十餘家之内，故系於秦而葬於常安也”[27]。關於此問題，下文繼續討論。

　　4.吕他墓表

　　吕他墓表於20世紀70年代出土於陝西咸陽。[28]此墓表圓首碑形，石質，有長方形座。墓表本體高65厘米、寬34厘米、厚9厘米。碑額橫排陰刻隸書"墓表"二字，銘文豎排陰刻，共五行，行七字，共三十五字。書體爲隸書，録文如下：

墓　表

弘始四年十二月
乙未朔廿七日辛
酉秦故幽州刺史
略陽呂他葬於常
安北陵去城廿里

圖7　呂他墓表

圖8　呂他墓表拓片

　　呂他墓表銘文中的紀年與前揭呂憲墓表相同，埋葬地點同樣是"葬於常安北陵，去城廿里"。墓主呂他是後涼王呂光之弟。[29]銘文中的幽州，李朝陽先生認爲是今陝西耀縣一帶[30]，其實不然。幽州刺史之官名，應該理解爲"示以名位寵授之耳"[31]。呂憲墓表中"遼東太守"的官號，應該具有同樣性質。另外，作爲後凉王族的呂憲、呂他兄弟爲什麼被埋葬在後秦的常安？李朝陽氏認爲，他們是元興元年（402）十月"秦徙河西豪右萬餘户于長安"[32]時來到常安的，然而據文獻記載，呂他是呂超和呂隆兄弟弑呂纂[33]後不久就叛降後秦[34]，所以呂憲、呂他到達常安的時間應該在隆安五年（401）七月之後不久，早於元興元年十月被遷徙的萬餘户河西豪右。

5.李超夫人尹氏墓表

2006年9月6日，筆者在甘肅省酒泉市調查時，得知酒泉市肅州區博物館也收藏有一件碑形墓表[35]。據該博物館的范曉東先生告知，1999年8月，酒泉地區博物館清理新建博物館管區内墓葬時，在丁家閘五號壁畫墓東南五十米處發掘了一座五凉時期的墓葬[36]。墓葬中出土了一件碑形墓表。墓表由碑首、碑身、碑座三部分組成，均爲礫質，碑首下部有兩個凹槽，當是與碑身連接的榫槽。盗墓所致，墓表身部已經破碎，墓表首部及座部保存完整。

墓表首部高9.8厘米、寬24厘米、厚3.1厘米。其上自右而左竪排陰刻六行銘文，每行兩字，共十二字。内容爲"隴西狄道李超夫人尹氏墓表"。由於破碎嚴重，碑身銘文已不可復原，根據拓片可識讀十餘字，具體内容如下：

墓尹夫李狄隴
表氏人超道西

□□□　□□□
年　　涼
十　　嘉
二　　興
月　　二
十
九
日

圖9　李超夫人尹氏墓表拓片

　　嘉興爲西涼李歆的年號，嘉興二年即公元418年。尹氏墓表，是
至今發現的唯一一件十六國時期女性碑形墓誌。墓表爲塼質，碑首刻
銘不僅刻有“墓表”二字，還刻有墓主人之夫的籍貫和姓名。被葬者
尹氏之夫李超，編纂史料未見記載，但是其本籍、姓氏均與西涼宗
室相同[37]，或爲西涼宗室。夫人尹氏身世因墓表本體損毀而不知其詳，
但其尹氏之姓，很容易讓人聯想到西涼王李暠之夫人尹氏[38]。李超及
夫人尹氏應該與西涼宗室關係極近。[39]

　　6.梁氏墓表

　　1977年，甘肅省博物館和酒泉地區文教局在酒泉縣果園公社丁
家閘大隊和嘉峪關市新城公社觀蒲大隊發掘了八座晉代墓葬[40]，該墓

表出土於丁家閘墓地一號墓。墓表出土時只發現了塼質的刻有"鎮軍梁府君之墓表"的墓表首（高23厘米、下寬35厘米[41]）和底座，沒有發現墓表本體。據發掘者推測，墓表本體很可能是木質的，由於年代久遠，已經腐朽不存。[42]

君之墓表　鎮軍梁府

圖10　鎮軍梁府君墓表首拓片

　　鎮軍梁府君墓表，因同墓未見有紀年文物出土，具體年代無法確認。但是據墓表首題額中的"鎮軍"官號可以推測，該墓表的製作年代應是五涼時期。[43]同一墓域李超夫人尹氏墓表的出土，進一步說明，此梁府君之墓表很可能是西涼（400—421）時代的遺物。

7. 且渠封戴墓表

　　且渠封戴墓表於1972年出土於吐魯番阿斯塔那古墓群的TAM177號墓。[44]該墓表圓首碑形，石質，有碑座。墓表本體高52厘米，座高13厘米、寬35厘米、厚16厘米。據考古發掘報告示意圖可知，此墓表埋藏在墓室內靠近甬道的一側。[45]墓表銘文隸書，陰文填朱，錄文如下：

大涼承平十三年歲

在乙未四月廿四日

冠軍將軍涼都高昌

太守都郎中大且渠

封戴府君之墓表也

圖11　且渠封戴墓表

　　且渠封戴墓表銘文中出現的"大涼"，即5世紀40年代時逃亡高昌的北涼政權殘餘勢力所建立的地方政權。"承平"即此大涼國的年號[46]，承平十三年即公元455年。雖然并未發現有關且渠封戴的傳世編纂文獻史料，但史學界一般認爲且渠封戴應是北涼王且渠蒙遜之子，或者很可能就是文獻史料中記載的且渠封壇。[47]

8.司馬金龍墓表

　　司馬金龍墓表於1965年11月出土於山西省大同市東南約六公里的石家寨村司馬金龍墓。[48]該墓表圓首碑形，石質，有座。出土時埋藏於墓門券頂。墓表高64.2厘米、寬45.7厘米、厚10.5厘米、座的長

寬厚分別是47、14.4、13厘米。銘文楷書,陰刻,共九行,行三到八字。錄文如下:

墓康瑯司
表王琊空

維大代太和八年
歲在甲子十一月
庚午朔十六日乙
酉代故河内郡溫
縣肥鄉孝敬里使
持節侍中鎮西大
將軍吏部尚書羽
真司空冀州刺史
琅瑯康王司馬金
龍之銘

司馬金龍墓表紀年爲"大代太和八年",大代即北魏,太和八年爲公元484年。此墓表主司馬金龍,《魏書》《北史》均有傳[49]。

十六國碑形墓誌相關信息分析

上舉八件西北地區出土碑形墓誌與其前後各時代的碑形墓誌相比較,不僅形制統一、名稱一致,而且銘文書體也有着諸多共同之處。比如均爲圓首碑形,名爲"墓表",銘文書體都是隸書[50],且在書法風格上具有共同的特徵[51]。這八件墓表在書式上也有共同點,其基本構成是"紀年+官號+墓主名+墓域位置",與其前後時代的碑形墓誌相比,非常統一(參看表2)。

表2　十六國時期圓首碑形墓表書寫格式統計

序號	墓表主	碑額文	紀年	官号	墓主名	墓域	其他
1	梁舒	墓表	○	○	○	○	夫人的家世
2	梁阿廣	墓表	○	○	○	○	終年
3	吕憲	墓表	○	○	○	○	×
4	吕他	墓表	○	○	○	○	×
5	尹氏	李超夫人尹氏墓表	○	不明	不明	不明	不明
6	梁氏	鎮軍梁府君之墓表	不明	不明	不明	不明	不明
7	且渠封戴	×	○	○	○	○	墓表文的最後爲"墓表"
8	司馬金龍	司空瑯琊康王墓表	○	○	○	○	墓表文的最後爲"銘"

注："○"表示墓表銘文中有相關内容，"×"表示無相關内容。

　　如此看來，十六國時期的碑形墓誌在形制與銘文書式上高度統一。但是正如表1所示，不論漢晉時期的碑形墓誌，還是北朝時期的碑形墓誌，都有着出土地比較集中的特點，而上舉八件十六國時期的墓誌，其出土地却是散在西北各地，看不出任何關聯。若如此，也就看不出這種高度的統一有什麼政治背景或者地方文化、葬俗背景。但是對這八件墓表的墓主人作一次考察後就會發現，他們都與河西地區有着各種各樣的關聯（參看表3）。

表3　十六國墓表墓主本籍統計表

序號	墓表名	墓表出土地	墓誌載籍貫	文獻載籍貫	現地名	備注
1	梁舒墓表	甘肅武威	安定郡烏氏縣		甘肅涇川北	安定郡屬雍州
2	梁阿廣墓表	寧夏固原	司州西川		寧夏固原	墓表本體製作於涼州
3	呂憲墓表	陝西咸陽	略陽	略陽[53]	甘肅天水東北	略陽郡古屬秦州
4	呂他墓表	陝西咸陽	略陽	略陽	甘肅天水東北	略陽郡古屬秦州
5	李超夫人尹氏墓表	甘肅酒泉	不明	天水冀	天水甘穀	李暠夫人尹氏同族？夫狄道李氏
6	鎮軍梁府君墓表	甘肅酒泉	不明		不明	出土於酒泉
7	且渠封戴墓表	新疆吐魯番		臨松盧水[54]	甘肅張掖	古屬涼州張掖郡
8	司馬金龍墓表	山西大同	河內郡溫縣肥鄉孝敬里	河內溫縣孝敬里	河南溫縣	夫人且渠氏爲北涼宗室

　　從出土地來看，這八件墓表分別出土於甘肅武威（梁舒）、寧夏固原（梁阿廣）、陝西咸陽（呂憲、呂他）、甘肅酒泉（梁府君、李超夫人尹氏）、新疆吐魯番（且渠封戴）、山西大同（司馬金龍），但是從墓主本籍來看，梁舒爲安定郡烏氏人（今甘肅涇川北），梁阿廣爲司州[54]西川（今寧夏固原）人，均屬雍州。從文化、地理範圍看，雍州自古爲西河之地[55]，在地緣上接壤河西。呂憲、呂他本籍略陽，古屬秦州。李超夫人尹氏，雖然不能確定她就是秦州的天水尹氏，但

是其墓表本體出土於河西，原籍大致應屬西北地區。而且其夫李超籍貫隴西狄道（今甘肅臨洮），古屬秦州。秦州亦是接壤河西。且渠封戴原籍張掖郡，屬涼州。梁府君墓表雖然銘文內容已不可知，但其與李超夫人尹氏墓表一樣，本體出土於甘肅省酒泉市的同一墓區，本籍也應屬河西地區。此外，司馬金龍原籍屬河南[56]，但他的夫人且渠氏原籍張掖郡，屬涼州[57]。如此，可知這八件墓表的主人在籍貫上基本集中在秦、雍、涼三州。

以下考察八件墓表主的主要活動區域。從梁舒的官名"涼故中郎中督護公國中尉、晉昌太守"來看，梁舒一生的活動地區應該就在以武威爲中心的河西。梁阿廣爲"秦故領民酋大、功門將，襲爵興晉王"。"領民酋大、功門將"等官名看不出所屬地區，但是"興晉王"之"興晉"，據《晉書》記載前涼時期屬河州（州治枹罕縣，今甘肅臨夏市）[58]，前秦時代也應該是河州之一郡[59]。梁阿廣墓表銘文中所記官職，是否就是河州興晉（青海省民和縣西北），據現有資料還無從判斷。而梁阿廣墓表碑陰刻有"碑表及送終之具，於涼州作致"，可知梁阿廣墓表製作於涼州，不管梁阿廣活動地區如何，墓表本體代表的是涼州喪葬風俗。呂憲逃到常安以前的官歷并不清楚[60]，但他是後涼呂纂的從叔，呂光之弟，死前（401年七月後逃到常安，402年十二月前死亡）的主要活動範圍在武威，其河西的文化背景自不待言。呂他亦是呂光之弟，曾在後涼被封爲"左將軍"[61]"巴西公"[62]，他的經歷與呂憲相同，也具有河西的文化背景。梁府君作爲西涼[63]官員，且死葬在酒泉，他具有河西的文化背景也是不言而喻的。李超夫人尹氏雖然不能確定其原籍，但是她被埋葬在酒泉，且其夫李超本籍河西（狄道），其活動範圍當以河西之酒泉爲中心。且渠封戴是被北魏政權逼迫而從河西逃到吐魯番[64]，他的一生應該主要活動於河西。這裏只有司馬金龍一人沒有任何河西文化的背景，但是司馬金龍的夫人且渠氏爲北魏世祖之妹武威公主和河西王且渠牧犍所生之女[65]，具有河西的文化背景自不待言。

如此看來，雖然十六國時期的這八件碑形墓誌出土於不同地區，但它們有着共同的河西地域文化背景。進而筆者認爲，這八件圓首碑形、自稱"墓表"的墓誌均是河西喪葬風俗的具體表現。我們不妨將這類墓誌統稱爲"河西圓首碑形墓表"。

圖 12　魏雛墓誌（左圖爲陰面，右圖爲陽面）

河西圓首碑形墓表形制之源流

圓首碑形墓誌，最早可追溯到東漢肥致墓誌（169年）[66]。此後有西晉徐夫人菅洛墓誌（291年）[67]、成晃墓誌（291年）[68]等。這些墓誌雖然是圓首碑形，但碑首都雕有裝飾圖案，與河西圓首碑形墓表有一定的差別。與河西圓首碑形墓表完全相同的圓首碑形之形制，最早可追溯到西晉時代的碑形墓誌，如魏雛墓誌（298年）[69]和劉寶墓誌（301年）[70]等。由於沒有更具體的資料，還難於作進一步比較，但是這兩件墓誌的形態與河西圓首碑形墓表基本相同。此外，浙江吳興出土的東晉張鎮墓誌（325年）[71]，形態上除碑首多出一個裝飾性的碑穿外，與河西圓首碑形墓表也基本相同。也就是說，雖然西晉時代在中原地區圓首碑形墓誌非常少見，但是由於魏雛墓誌、劉寶墓誌、張鎮墓誌[72]的存在，這種圓首碑形的墓誌在西晉時代已經出現是可以肯定的。

然而應該注意，至今爲止出土西晉時代十余件墓誌中，雖然只有兩件出土於以洛陽爲中心的地域以外，但其形制都是圓首碑形。這是否暗示着這種圓首碑形墓誌在晉代有可能是地方官貴經常使用的一種墓誌形制？如果有這種可能性，那麼作爲具有地方色彩的河西圓首碑形墓表的圓首碑形似乎就有了依據。

圖13　烏丸校尉劉寶銘表

河西圓首碑形墓表之“墓表”稱謂

　　雖然我們可以在西晉時代的墓誌中找到與河西圓首碑形墓表形制基本相同的墓誌，但是其中“墓表”的稱謂還没有出現過。西晉趙汜墓誌（圖14）[73]題額“墓中之表”的用詞，雖然可解釋爲“墓中的墓表”，但也説明“墓表”一詞這時還没有使用在墓誌上。

　　在編纂文獻中，關於“墓表”一詞的含義一般有兩種。一種是將陵墓神道上竪立的神道石柱稱爲“墓表”[74]，另一種是將墓葬前竪立的墓碑稱爲“墓表”。有關墓前竪立的神道石柱的稱謂問題，趙超先生曾經指出：“有人把南朝的神道柱稱爲墓表，這種稱呼容易造成混亂。”[75]筆者同意趙超先生的觀點。關於墓葬前竪立的墓碑，明人徐師曾曾經指出：“按墓表，自東漢始。安帝元初元年立謁者景君墓表，其文體與碑碣同。以其樹於神道，故又稱神道表。”[76]此處的謁者景君墓表，即趙明誠《金石録》卷一四中所收録的題額爲“漢故謁者景君墓表”之墓碑。

　　由此可知，“墓表”一詞，自東漢起一般用於墓前竪立的墓碑。那麽，西晉趙汜墓誌所題刻“墓中之表”的用詞，表現的正是漢代到十六國時期“墓表”從地上轉移到地下的過程。當然，據文獻記載可知，地上之“墓表”在漢代以後并没有中斷使用[77]，而且中原地區出土的墓誌中也從來没有出現過“墓表”的用詞。那麽，十六國時期的河西圓首碑形墓表除了與前代中原地上墓表有淵源關係，應該還有河西地方特色。特别是聯係到吐魯番地區出土麹氏高昌國時期（500—640）高昌墓塼中普遍使用“墓表”一詞[78]，十六國時期圓首碑形墓表的地域性特徵就更加明顯。

圖 14　趙氾墓表

如此看來，河西圓首碑形墓表的出現，不但有深刻的中原文化因素，應也有其地域文化特徵。

河西圓首碑形墓表與河西文化

河西地區爲中原與西域的交通通道，自元狩四年（前119）西漢在漠北擊敗匈奴單於，中原王朝就開始向西北邊疆地區移民，開發河西地區。[79] 而以武威爲中心的河西地區，自元狩二年（前121）西漢設武威郡[80]開始，就成了中原漢人移民地[81]。十六國時期，隨着中原戰亂，"中州避難來者日月相繼"[82]。此後，因漢人移民的進入，此地迅速成爲中原之外的一個重要漢文化中心。進入東漢以後，河西地區雖然也有"羌胡化"的傾向[83]，但是魏晉以後，涼州已然形成了一個以漢文化爲主的地域，同時保存了漢代中原之文化學術，經歷了東漢末、西晉、十六國之大亂而不衰，最後成爲隋唐文化的重要源泉[84]。與中原漢文化相比，其文化具有地域特徵[85]是可以理解的。表現在喪葬文化方面，西晉時代河西地區與中原有着相同的墓域地上石刻制度[86]。但是河西地區魏晉時代的古墓，除具有魏晉時代古墓的一般特徵外，還具有此地獨有的特點[87]。而河西圓首碑形墓表所表現出來的地域特徵，進一步説明河西文化在十六國時期的喪葬文化中有其特有的地域特徵。

結 語

　　漢晉十六國時期的墓誌源流是學界至今還没有完全解决的一個課題。本文針對這一課題，通過對漢至隋代碑形墓誌的整體性考察，發現十六國時期碑形墓誌具有統一的圓首碑形形制、統一的銘文書寫格式、統一自名爲“墓表”等特徵。進一步通過對十六國時期碑形墓誌特徵的分析研究，發現出土於不同地區的十六國時期圓首碑形墓表之主人在籍貫上集中於秦、雍、凉三州，更在活動區域上集中於凉州。由此指出圓首碑形墓表作爲一種喪葬文化，具有河西文化之地域性特徵，并提出“河西圓首碑形墓表”的概念。在此基礎上，本文進一步從形制、名稱等角度分析河西圓首碑形墓表，探討了其發源於河西的歷史、文化淵源。

注　釋

[1] 墓誌起源的相關研究，請參見趙超《墓誌溯源》，《文史》1983年第21輯；華人德《談墓誌》，《書譜》1983年第5期。其后發表的相關論文还有黃展岳《早期墓誌的一些問題》(《文物》1995年第12期)、〔日〕福原啓郎《墓誌銘の起源》(《月刊しにか》2001年第3期) 等。

[2] 雖然上引論文中有些也論及墓誌從濫觴到定型的過程，但多是泛泛而論，未見與本文研究相關的内容。

[3] 比如〔日〕福原啓郎《西晉の墓誌の意義》，載〔日〕礪波護編《中国中世の文物》，京都：京都大學人文科學研究所，1993年，第315—369頁；罗宗真《略論江苏地區出土六朝墓誌》，《南京博物院集刊》(第2集)，1980年，第44—59頁；同氏《南京新出土梁代墓誌評述》，《文物》1981年第12期，第24—29頁；宫大中《邙山北魏墓

誌初探》,《中原文物》1981年特刊，第116—122頁；〔日〕中村圭爾《東晋南朝の碑·墓誌について》,載〔日〕河音能平編《比較史の観点による史料学の総合的研究》,1988年，第36—54頁；殷憲《北魏早期平城墓銘析》,《北朝研究》(第一輯),北京：北京燕山出版社，2000年，第163—192頁；路遠《後秦〈呂他墓表〉與〈呂憲墓表〉》,《文博》2001第5期，第62—65頁及第28頁等。華人德曾經撰文《魏晉南北朝墓誌概論》,雖然對這一時期的墓誌有比較系統的介紹，但是對於源流問題幾乎沒有涉及，參見《中國書法全集：三國兩晉南北朝墓誌卷》,北京：榮寶齋出版社，1995。另外，至今出版的有關墓誌的概論或史話等性質的文章和書籍雖然多涉及這一時期的墓誌，但是均無有關碑形墓誌源流問題的研究。

[4] 參看拙文《麴氏高昌墓磚的紀年問題》,《歷史研究》第37號，大阪教育大學編印，1999年；《"義和政變"與"重光復辟"問題的再考察——以高昌墓磚爲中心》,載《敦煌吐魯番研究》(第五卷),北京：北京大學出版社，2001年，第117—146頁；《高昌墓塼書式研究——以"紀年"問題爲中心》,《新疆師範大學學報》(哲學社會科學版),2004年第1期；《吐魯番出土"且渠封戴墓表"的性質以及無紀年高昌墓塼的年代問題——以高昌墓塼的起源問題爲中心》,《新疆師範大學學報》(哲學社會科學版),2006年第2期。

[5] 參見前揭〔日〕福原啓郎《西晉の墓誌の意義》。此外，在墓誌源流的研究中，至今還沒有一個得到學者共識的有關墓誌的定義。筆者認爲這是墓誌起源問題出現諸多爭論的主要原因。本文雖然不討論墓誌起源問題，但爲了不引起爭議，特將"墓誌"定義如下：埋藏在墓域地下（包括埋藏在墓域地下的墓室、甬道、斜坡墓道或墓穴的填土中），專門爲了刻寫被葬者姓名、籍貫、享年、身份、埋葬日期及頌詞等相關內容而製作的，可以長久保存的隨葬品。按照這個定義，刻寫於黃腸石上（郭玉堂原著、氣賀澤保規編著《復刻洛陽出土石刻時地記：附解說·所載墓誌碑刻目錄》,明治大学東洋史資料叢刊》(2),東京：汲古書院，2002年，第8頁),被譽爲"中國最早的墓誌"的賈仲武妻馬姜墓記〔1929於洛陽出土，刻於東漢延平元年（106）九月〕就不屬於墓誌。

[6] 本文使用的"十六國時期"一詞，是時間概念，同時包含地域概念。

[7] 參見趙超《古代石刻》,北京：文物出版社，2001年，第135—137頁。

[8] 〔日〕兼平充明《書道博物館藏「後秦呂憲墓表」について》,《明大アジア史論集》第7號，2002年2月，第63—81頁。

[9] 西晉時期的碑形墓誌在自稱上有"碑""墓""柩""表""銘表"等，在形態上有圓首、圭首、方首等，與十六國時期的碑形墓誌有着明顯區別。參見前引〔日〕福原啓郎《西晉の墓誌の意義》。

[10] 本墓誌沒有紀年，但是由於同時出土的石柱上有"元康八年二月甲戌十日"的銘文，故可知此墓誌製作年代。

[11] 由於方首碑形墓誌與本研究没有直接關係，本數字不包括這一時期的方首碑形墓誌。

[12] 參見〔日〕西林昭一《中国新発見の書》，東京：柳原書店，2002年，第151頁。張鎮墓誌雖然在形制上與十六國出土的碑形墓誌有着相同樣式，但在銘文書式上不同於西北地區出土的八方碑形墓誌，且無"墓表"名稱，碑額部分雕刻有碑穿，與十六國出土的碑形墓誌有着明顯區別。所以筆者在此只探討十六國出土的八方碑形墓誌，不將此方碑形墓誌納入討論範圍。

[13] 從年代上看，且渠封戴墓表屬於北朝時期。然而，雖然北魏公元439年統一了中國北方地區，但出土且渠封戴墓表的吐魯番地區仍然是一個獨立政權，且渠氏又是十六國之一的北凉王族，所以筆者將且渠封戴墓表作爲十六國時期的墓誌資料使用。

[14] 司馬金龍墓表屬於北魏平城時代。但由於司馬金龍妻且渠氏有着十六國之一的北凉王族的背景（相關内容見後文），筆者也將此墓誌作爲十六國時期的碑形墓誌資料使用。

[15] 參考鍾長發、寧篤學《武威金沙公社出土前秦建元十二年墓表》，《文物》1981年第2期，第8頁；宿白《武威行——河西訪古叢考之一（上）》，《文物天地》1992年第1期，第6頁。

[16] 參考《資治通鑑》卷一〇四《晉紀》，"孝武帝太元元年"條，北京：中華書局，1976年，第3275—3276頁。

[17] 寧夏固原博物館編著《固原歷史文物》，北京：科學出版社，2004年，第113—114頁。

[18] 〔日〕町田隆吉：《「前秦建元16年（380）梁阿廣墓表」試釈》，《国際学レヴュー》第18號，2006年，第91—105頁。

[19] 嚴耕望：《中國地方行政制度史——魏晉南北朝地方行政制度》，臺北："中央研究院"歷史語言研究所，1963年；周一良：《領民酋長與六州都督》，載同氏《魏晉南北朝史論集》，北京：北京大學出版社，1997年；彭衛、張彤、張金龍主編《20世紀中華學術經典文庫·歷史學·中國古代史卷》（中册），蘭州：蘭州大學出版社，2000年。

[20]《晉書》卷一四《地理上》，"雍州"條，北京：中華書局，1974年，第431頁。

[21] 參見《後漢書》卷三四《梁統列傳》，北京：中華書局，1982年，第1165頁；徐興亞《西海固史》，蘭州：甘肅人民出版社，2002年，第74—77頁。

[22] 據相關文獻記載，吕憲墓表出土於長安，但具體出土地點不明。由於吕他墓表的出土（參見後文），可推知吕憲墓表的出土地點應該是陝西咸陽渭城區密店鎮東北原畔。另外，過去有人認爲吕憲墓表是地表刻石，如姚華在《論文後編》[載郭紹虞、羅根澤主編《中國近代文論選》（下），北京：人民文學出版社，1959年，第685頁]

中寫道："至與墓碣式同而名異者，有墓表，如呂憲；有墓塼，如房宣。表則竪於墓外，塼則藏於墓中。"趙超也有相同的觀點，參見前揭趙超《墓誌源流》，第51頁。由於呂他墓表的出土，我們得知，呂憲墓表不是地表刻石而是埋藏於墓域地下的墓誌。

[23] 呂憲墓表的圖版與録文請參考《台東区立書道博物館図録》（東京：二玄社，2000年），第54、74頁。

[24]《十六國春秋》卷八四《後涼》，"呂憲妻符氏"條："呂憲，纂之從叔也，爲建節將軍，遼東太守。"（《四庫全書》，第463冊，上海：上海古籍出版社，1987年，第996頁）另外，《太平御覽》卷四三九《人事部》八〇《貞女上》（北京：中華書局，1985年，第2021頁）記載呂憲官職爲"建中將軍，遼東太守"。"建節（建中？）將軍"或許爲呂憲在後涼時的官職。

[25]《晉書》卷一一六《姚萇》，第2964頁。

[26]《資治通鑑》卷一一二《晉紀》，記載同一事件的時間是安帝隆安五年（401）九月。

[27]（清）陸增祥：《八瓊室金石補正》，第七冊，"遼東太守呂憲墓表"條，北京：文物出版社，1985年，第92頁。

[28] 參考李朝陽《呂他墓表考述》，《文物》1997年第10期，第81—82頁。

[29]《十六國春秋》卷八一《後涼》有"（呂光）遣弟左將軍他、子武賁中郎將纂……"（前揭《四庫全書》，第983頁）的記載，可知呂他是呂光之弟，但《晉書》卷一二二《呂光》中又有"（呂光）遣其子左將軍他、武賁中郎將纂討北虜……"（第3059頁）的記載，説明呂他是呂光之子。最初發表呂他墓表的前揭李朝陽論文《呂他墓表考述》采用的應該就是《晉書》中的這條史料。但是在《十六國春秋》卷八四《後涼》，"呂緯"條（前揭《四庫全書》，第995頁），以及《晉書》卷一二二《呂纂》中還有"（呂）他妻梁氏止之曰，緯（呂光之子）、超（呂光之弟，呂寶之子）俱兄弟之子……"（第3068頁）的内容，證明呂他是呂光之弟無誤。有關此問題參見前揭《晉書》卷一二二，校勘記之六，第3073頁；另參見前揭路遠《後秦〈呂他墓表〉與〈呂憲墓表〉》，第62—65頁。

[30] 前揭李朝陽《呂他墓表考述》，第81頁。

[31]《資治通鑑》卷一一二《晉紀》，"安帝元興元年"條："（晉輔國將軍）袁虔之等至長安……（姚）興善之，以虔之爲廣州刺史。"胡注："秦以廣州授袁虔之，示以名位寵授之耳。"（第3546頁）據《晉書》卷一一七《姚興上》記載，袁虔之是叛逃到後秦的晉官員，其身份與呂他相同。（第2982頁）此外，且渠封戴追贈令中也記載有"敦煌太守"的追贈官號，其性質也應該與呂他的"幽州刺史"相同。參考王素《高昌史稿·統治編》，北京：文物出版社，1998年，第261—262頁。相關研究還有前揭兼平充明《書道博物館藏「後秦呂憲墓表」について》；羅新、葉煒《新出魏晉南北朝墓誌疏證（修訂本）》，北京：中華書局，2005年，第29—30頁。另外，

路遠先生認爲呂憲的“遼東太守”及呂他的“幽州刺史”均是前秦所授官職，但無
實證，參見前揭路遠《後秦〈呂他墓表〉與〈呂憲墓表〉》，第63、65頁。

[32] 《資治通鑑》卷一一二《晉紀》，“安帝元興元年”條，第3544頁。

[33] 呂纂被弑的時間，參考《資治通鑑》卷一一二《晉紀》，“安帝隆安五年”條，第
3518—3519頁。

[34] 《十六國春秋》卷八四《後涼》，“呂緯”條：“（呂）超弟邈有寵於緯，因説緯曰……
緯信之，乃與隆、超結盟，單馬入城。超執而殺之，他尋叛降於秦。”（《四庫全
書》，第995頁）。《晉書》卷一〇七《姚興上》記載：“碩德至姑臧，大敗呂隆之衆，
俘斬一萬。隆將呂他等率衆二萬五千，以東苑來降。”（第2982頁）《資治通鑑》記
此事於晉安帝五年（401）秋七月。參見卷一一二《晉紀》，第3525頁。《資治通鑑》
中“呂他”作“呂陀”。

[35] 郭大民：《現存西涼文字經籍珍貴文物資料》，載同氏主編《西涼王國史探——酒泉
歷史一瞥》，酒泉：政協甘肅省酒泉市委員會編（内部資料），2004年，第137—
139頁，圖版參見第136、137頁間彩版插頁。

[36] 此墓葬位於丁家閘五號墓東五十米處，編號爲丁家閘六號墓。參見《酒泉小土山墓
葬清理簡報》，《隴右文博》2004年第2期，第17—20頁。

[37] 參見《魏書》卷九九《私署涼王李暠》，第2202—2203頁。

[38] 參見《晉書》卷九六《列女》，“涼武昭王李玄盛后尹氏”條，第2526—2528頁。

[39] 〔日〕關尾史郎：《「西涼嘉興二年十二月李超夫人尹氏墓表」について―「五胡」
時代石刻ノート（2）》，《環日本海研究年報》第12號，2005年，第55—62頁。

[40] 甘肅省博物館：《酒泉、嘉峪關晉墓的發掘》，《文物》1979年第6期，第1—17、
97—99頁。

[41] 參見〔日〕西林昭一編《新出土中國歷代書法》，陳滯東譯，成都：成都出版社，
1990年，第115頁。

[42] 參見前揭《酒泉、嘉峪關晉墓的發掘》，第3頁。

[43] 參見前揭《酒泉、嘉峪關晉墓的發掘》，第11頁。

[44] 新疆文物考古研究所：《吐魯番阿斯塔那第十次發掘簡報（1972—1973年）》，《新疆
文物》2000年第3、4期合刊，第84—128頁。

[45] 參考前揭《吐魯番阿斯塔那第十次發掘簡報（1972—1973年）》，第90頁，圖一。

[46] 周偉洲：《試論吐魯番阿斯塔那且渠封戴墓出土文物》，《考古與文物》創刊號，1980
年，第99—102頁；另見同氏《西北民族史研究》，鄭州：中州古籍出版社，1994年，
第441頁。

[47] 〔日〕池田溫：《新疆維吾尔自治区博物館編『新疆出土文物』》，《東洋学報》第58
卷第3—4號，1977年，第127頁；前揭周偉洲《試論吐魯番阿斯塔那且渠封戴墓
出土文物》，第102頁，注釋5。

[48] 山西省大同市博物館、山西省文物工作委員會：《山西大同石家寨北魏司馬金龍墓》，《文物》1972年第3期，第20—33頁。

[49] 《魏書》卷三七《司馬楚之》，第857頁；《北史》卷二九《司馬楚之》，第1043—1044頁。

[50] 由於没有發現梁氏墓表本體，我們無法確定其書式。但墓表題額是隸書，墓表本體銘文也應該是隸書。另外，司馬金龍墓表書體屬魏碑體楷書。

[51] 參考施安昌《善本碑帖論集》第五編《古代書法地方體》，北京：紫禁城出版社，2001年，第240—272頁；前揭〔日〕西林昭一《中国新発見の書》，第158頁。

[52] 參見《晉書》卷一二二《吕光》，第3053頁。

[53] 參見《二十五別史·十六國春秋輯補》卷九五《北涼錄》，“沮渠蒙遜”條，濟南：齊魯書社，2000年，第646頁。

[54] 《晉書》卷一四《地理上》，“雍州”條：“石氏既敗，苻健僭據關中，又都長安，是爲前秦。於是乃於雍州置司隸校尉……苻堅時，分司隸爲雍州。”（第431頁）可知此司州即雍州。

[55] 參見《晉書》卷一四《地理上》，“雍州”條，第430頁。

[56] 參見《魏書》卷三七《司馬楚之》，第857頁。

[57] 參見《魏書》卷三七《司馬楚之》，第857頁。

[58] 參見《晉書》卷一四《地理上》，“涼州”條：“張駿分武威、武興、西平、張掖、酒泉、建康、西海、西郡、湟河、晉興、廣武合十一郡爲涼州，興晉、金城、武始、南安、永晉、大夏、武成、漢中爲河州。”（第434頁）

[59] 參見前引〔日〕町田隆吉《「前秦建元16年（380）梁阿廣墓表」試釋》，第96—97頁。

[60] 參見本文注釋24。

[61] 參見《晉書》卷一二二《吕光》，3059頁；另見前揭《十六國春秋》卷八一《後涼》，第463册，第977頁；前揭《二十五別史·十六國春秋輯補》卷八一《後涼錄》，“吕光”條，第564頁；《通志》卷一九〇《後涼》，北京：中華書局，1987年，第3062頁；《册府元龜》卷二三一《僭偽部·征伐》，北京：中華書局，1982年，第2751頁。

[62] 參見《晉書》卷一二二《吕纂》，第3068頁；另見《通志》卷一九〇，第3065頁。

[63] 參見前揭〔日〕關尾史郎《「西涼嘉興二年十二月李超夫人尹氏墓表」について—「五胡」時代石刻ノート（2）》，第55—62頁。

[64] 參見前揭王素《高昌史稿·統治編》，第163—254頁。

[65] 參見《魏書》卷三七《司馬楚之》，第857頁。

[66] 參見河南省偃師縣文物管理委员会《偃師縣南蔡莊鄉漢肥致墓發掘簡報》，《文物》1992年第9期，第37—42頁。

[67] 西安碑林博物館編《西安碑林博物館》，西安：陝西人民出版社，2000年，第57頁。

[68] 河南省文物研究所、河南省洛陽地區文管處:《千唐誌齋藏誌》,北京:文物出版社,1989年,圖版第1頁。

[69] 參考趙萬里《漢魏南北朝墓誌集釋》(卷一),北京:科學出版社,1956年。

[70] 參見佟柱臣《喜見中國出土的第一塊烏丸石刻》,《遼海文物學刊》1996年第2期,第8—14頁。

[71] 參見本文注釋12。

[72] 東晉以前的江南地方葬俗中,還未見使用墓誌(參見阮國林《南京梁桂陽王肖融夫婦合葬墓》,《文物》1981年第12期,第12頁),張鎮墓誌源於西晉當無疑義。我們可以將東晉時代的張鎮墓誌看作西晉時代中原墓誌的一個類型。

[73] 湖南省博物館、香港中文大學文物館:《中國古代銘刻文物》,第53號展品,2001年;前揭羅新、葉煒:《新出魏晉南北朝墓誌疏證(修訂本)》,第3—4頁。

[74]《資治通鑑》卷一二九《宋紀》,"孝武帝大明七年"條:"(宋孝武帝殷貴妃)墓前石柱"。胡注:"石柱,墓表也。"

[75] 參見前揭趙超《墓誌溯源》,第51頁。

[76] 參見(明)賀復徵編《文章辯體彙選》卷六八六,墓表一(前揭《四庫全書》,第1410冊,第191頁)。

[77] 有關地上石刻"墓表"的問題,筆者另有專文討論,故此處注釋省略。參見張銘心《漢魏晉南北朝時期神道石柱及其相關問題探析》,載朱鳳玉、汪娟編《張廣達先生八十華誕祝壽論文集》,臺北:新文豐出版公司,2010年,第19—30頁;同文另見趙立光主編《碑林集刊》(十七),西安:三秦出版社,2011年,第123—128頁。

[78] 參見侯燦、吳美琳《吐魯番出土磚誌集注》,成都:巴蜀書社,2003年。另參見前揭拙文《高昌墓塼書式研究》及《吐魯番出土"且渠封戴墓表"的性質以及無紀年高昌墓塼的年代問題》。

[79] 參見王宗維《漢代絲綢之路的咽喉——河西路》,北京:崑侖出版社,2001年,第204頁。

[80] 有關漢設武威郡的時間,學界有不同說法,此處采用傳統說法。參見梁新民《武威史地綜述》,蘭州:蘭州大學出版社,1997年,第6—10頁。

[81] 參見前揭梁新民《武威史地綜述》,第78—83頁。

[82] 參見《晉書》卷八六《張軌》,第2225頁。

[83] 陳勇:《東漢涼州"羌胡化"述論》,載《何茲全先生八十五華誕紀念文集》,北京:中國社會科學出版社,1997年,第163—176頁;趙向群《魏晉五涼時期河西民族融合中的羌化趨勢》,載西北師範大學歷史系編《西北史研究》(第一輯),蘭州:蘭州大學出版社,1997年,第243—251頁。

[84] 陳寅恪:《隋唐制度淵源略論稿》(第二版),北京:中華書局,1977年,第19—20頁。

[85] 比如在石窟造像上形成了"涼州模式"，參考宿白《涼州石窟遺迹和"涼州模式"》，《考古學報》1986年第4期，第435—446頁；在書體上形成了"北涼體"，參考前揭施安昌《善本碑帖論集》第五編《古代書法地方體》，第240—272頁。

[86] 比如武威出土魯銓刻銘（神道石柱上的方版）的存在就可以説明，在河西與中原都有使用神道石柱的喪葬制度，參見北京圖書館金石組編《北京圖書館藏中國歷代石刻拓片匯編》(第二册)，鄭州：中州古籍出版社，1989年，第45頁。相關研究，參見王素《西晉魯銓墓表跋》，載《出土文獻研究》(第六輯)，上海：上海古籍出版社，2004年，第271—278頁。又見前揭張銘心《漢魏晉南北朝時期神道石柱及其相關問題探析》。

[87] 中國社會科學院考古研究所編著《新中國的考古發現和研究》，北京：文物出版社，1984年，第523頁。

司馬金龍墓葬出土碑形墓誌源流考[*]

筆者在整理研究十六國時期碑形墓誌資料時發現，迄今爲止中國北方地區出土的十六國時期碑形墓誌，均具有統一的圓首碑形形制和銘文書寫格式，以及統一名爲"墓表"的用詞等特徵。雖然至今發現的具有這些特徵的墓誌出土地域比較散亂，但是通過對墓主籍貫及任官地等背景的分析可知，這些碑形墓誌的主人在籍貫上集中於秦、雍、凉三州，在活動區域上集中於凉州。由此筆者得出這種圓首碑形墓表作爲一種喪葬用具，具有河西文化之地域性特徵的結論，進而提出"河西圓首碑形墓表"的概念[1]。

然而按照以上觀點，當我們面對大同地區出土南北朝時期的北魏司馬金龍墓表時遇到了困難。司馬金龍作爲晉皇族後裔，既沒有在河西爲官的經歷，也沒有西北地區的地域文化背景。那麼，司馬金龍墓爲什麼也出土了具有河西圓首碑形墓表特徵的墓誌呢？此外，司馬金龍墓出土的墓誌不僅有司馬金龍墓表，還有圓首碑形的司馬金龍之

---

* 本文基本觀點最初形成於 2003 年 6 月筆者提交大阪大學的博士學位申請論文《トゥルファン出土高昌墓磚の源流とその成立》，寫作過程中，進一步參考了最新研究成果。原題《司馬金龍墓葬出土碑形墓誌源流淺析》，載《紀念西安碑林九百二十周年華誕國際學術研討會論文集》，北京：文物出版社，2008 年，第 553—562 頁。

銘以及方形兩面刻字的欽文姬辰之銘。同一墓葬中出土不同形制的墓誌，這在考古發掘中非常罕見。本文試圖根據相關文獻資料及最新研究成果，對這一現象進行探討，疏漏之處敬請方家指正。

司馬金龍墓出土墓誌及其先行研究

司馬金龍墓葬，是山西省大同市博物館與山西省文物工作委員會1965年聯合在大同市東南約六公里的石家寨附近發掘的北魏平城時代最大的墓葬之一。[2]此墓雖經盜掘，但仍出土了四百五十餘個編號的各類文物。其中出土了三方墓誌，分別是欽文姬辰之銘、司馬金龍之銘、司馬金龍墓表。

欽文姬辰之銘，石質，略成正方形，長30厘米、寬28厘米、厚6厘米。出土時平置於墓葬後室甬道中央偏東。銘文陰刻於墓誌正背兩面，隸書，內容爲："唯大代延興四年，歲在甲寅，十一月，戊辰朔，廿七日，甲午。河內溫縣倍鄉孝敬里人。使持節，侍中，鎮西大將軍，啓府儀同三司，都督梁、益、兗、豫諸軍事，領護南蠻校尉，揚州刺史，羽真，琅琊貞王。故司馬楚之嗣子，使持節，侍中，鎮西大將軍，朔州刺史，羽真，（以上爲正面銘文）琅琊王金龍妻，侍中，太尉，隴西王直懃賀豆跋女，乞伏文照王外孫女，欽文姬辰之銘。（以上爲背面銘文）"共十二行，一百二十九字。

司馬金龍之銘，石質，圓首碑形，有長方形座，高71厘米、寬56厘米、厚14.5厘米，座長59.8厘米、寬16.5厘米、高19.8厘米。出土時靠立於墓葬後室甬道前方墻前。墓誌銘文單面陰刻，書體隸楷相間，屬魏碑體。銘文如下："大代太和八年，歲在甲子，十一月，庚午朔，十六日，乙酉。懷州河内郡温縣肥鄉孝敬里，使持節，侍中，鎮西大將軍，吏部尚書，羽真司空，冀州刺史，琅琊康王，司馬金龍之銘。"共九行，六十五字。碑額無題字。

司馬金龍墓表，石質，圓首碑形，有長方形座，高64.2厘米、寬45.7厘米、厚10.5厘米，座長47厘米、寬14.4厘米、高13厘米。出土時置於墓門券頂上方。碑額陽文篆書"司空琅琊康王墓表"八字，墓誌銘文單面陰刻，隸楷相間，屬魏碑體書。銘文如下："維大代太和八年，歲在甲子，十一月，庚午朔，十六日，乙酉。代故河内郡温縣肥鄉孝敬里，使持節，侍中，鎮西大將軍，吏部尚書，羽真司空，冀州刺史，琅琊康王，司馬金龍之銘。"共十行，六十六字，碑額碑身銘文共七十四字。

自司馬金龍墓被發現，其出土文物就受到考古學界和歷史學界高度關注[3]，至今雖經三十餘年，仍不斷有相關研究發表[4]，然而諸多研究中，雖對墓葬中出土墓誌有所涉及，但尚無專題研究。[5]

司馬金龍墓出土三件墓誌之形制特徵

司馬金龍墓出土的三件墓誌，其一爲方形，二爲碑形。三件墓誌形制不一，各有不同。

正如前文所言，在碑形的司馬金龍墓表中，可以發現諸多河西圓首碑形墓表的要素。具體來説，河西圓首碑形墓表的形制、書寫格式[6]、自名等所有要素都包含在司馬金龍墓表之中。通過與河西地區出土和製造的圓首碑形墓表對比，我們可以發現司馬金龍墓表中更爲具體的河西圓首碑形墓表特徵。比如武威出土的梁舒墓表[7]（376年）

圖1　梁舒墓表　　　　　　　圖2　梁阿廣墓表

與涼州（即武威）製作、寧夏固原出土的梁阿廣墓表[8]（380年），其題額上的陽刻篆書"墓表"二字，與司馬金龍墓表（484年）題額上的"墓表"二字相比較，雖然在時間上相隔一百餘年，但其篆寫樣式和陽刻的方法基本相同。或許據此可以推測，司馬金龍墓表本體很可能爲涼州的工匠製作。[9]

　　同時我們注意到，司馬金龍墓表銘文中最後的"銘"之用詞，在河西圓首碑形墓表中未曾出現，"銘"的用詞顯然與碑額中"墓表"的用詞不相統一。

　　司馬金龍之銘與司馬金龍墓表銘文內容基本相同，其不同之處主要表現在地名上。司馬金龍墓表爲"代故河內郡温縣肥鄉孝敬里"，而司馬金龍之銘爲"懷州河內郡温縣肥鄉孝敬里"。懷州，北魏獻文帝天安二年（467）置，孝文帝太和八年（484）罷，河內郡屬懷州轄境。[10]司馬金龍的葬年正好是懷州罷置的那一年。由此可以推測，司馬金龍墓表與司馬金龍之銘銘文中地名的差異，說明司馬金龍之銘製作之時，懷州尚未罷置，而司馬金龍墓表製作之時，懷州已經罷置。

司馬金龍墓表與司馬金龍之銘最主要的差別還是在題額的有無。至今所見十六國時期碑形墓誌，絕大多數刻有題額，只有時代較晚的且渠封戴墓表（455年）[11]沒有題額。由此來看，司馬金龍之銘雖然沒有題額，但將其與司馬金龍墓表看作相同性質的墓誌應無問題。

司馬金龍墓表與司馬金龍之銘的差別還表現在埋藏位置。司馬金龍之銘位於後室甬道，而司馬金龍墓表位於墓門券頂上方填土中。將墓誌置於墓葬上方封土內，雖然在東晉時代江南地區及北燕時東北地區的墓葬中有所發現，但總體上非常少見。[12]有學者認爲，到了北魏後期，甚至北齊時代，這種填土中放置墓碑或石板的方式只出現於山西北部或甘肅一帶的某些墓葬中。[13]此外，吐魯番出土南北朝隋唐時期的墓誌[14]普遍埋藏於墓道靠近地面的地方[15]，這種埋藏方式或許是吐魯番地區形成的，抑或是受河西

圖3　且渠封戴墓表

的影響，與司馬金龍墓表的埋藏方式有一定的淵源。

欽文姬辰之銘在形制上與司馬金龍的兩件碑形墓誌完全不同，很難看出其間有什麽淵源。其接近於正方形的形制、兩面刻字的銘文刻製方式，似乎更多反映東晉南朝墓誌[16]的特徵。然而在銘文書寫格式上却與司馬金龍的兩件墓誌有一些相同或相似之處。比如均爲"紀年+籍貫+官號"或"身份+某某之銘"格式，特別是墓誌銘文最後都是"銘"的用詞，似乎説明其間存在某種關係。

綜觀司馬金龍墓出土墓誌之前的墓誌，"銘"之名稱使用最早的例證見於西晉元康九年（299）徐義之銘[17]，近年内蒙古烏審旗發掘出土的大夏二年（420？）墓誌[18]也使用了"銘"的用詞，南朝劉懷民墓誌銘（464年）[19]出現了"墓誌銘"的用詞。這些均表明，"銘"的用詞不是源自河西，而應是源自中原或江左。

如此，司馬金龍墓出土的墓誌中，不僅有東晉墓誌特徵的墓誌，也有河西圓首碑形墓表特徵的墓誌，在司馬金龍的兩件墓誌上，也能看到河西圓首碑形墓表與東晉墓誌等多種文化内涵。

司馬金龍墓出土墓誌的地域文化淵源

通過以上分析可知，司馬金龍墓出土的三件墓誌，其不同的形制所反映的是不同的地域文化。其中，我們能看到兩晉南朝中原及江南的喪葬文化内涵，亦可見到河西地區的喪葬文化内涵。那麽，這兩種不同的文化内涵是如何集中反映到同一墓葬出土墓誌中的呢？下面就此問題試作探討。

據司馬金龍墓葬出土墓誌可知，司馬金龍爲懷州河内郡温縣肥鄉[20]孝敬里人，生年不詳，葬於北魏孝文帝太和八年（484）十一月十六日[21]，官號爲使持節、侍中、鎮西大將軍、吏部尚書、羽真司空、冀州刺史、琅琊康王等。又據欽文姬辰之銘，司馬金龍之父爲使持節，侍中，鎮西大將軍，啟府儀同三司，都督梁、益、兖、豫諸軍事，領護南蠻校尉，揚州刺史，羽真，琅琊貞王，故司馬楚之。

司馬楚之及司馬金龍父子，《魏書》有傳。[22]司馬楚之，字德秀，晉宣帝弟太常馗之八世孫，明元帝泰常四年（419），因逃避劉裕誅夷司馬之禍而自南朝奔魏。[23]後尚諸王女河內公主，生司馬金龍。文成帝和平五年（464）薨，時年七十五。司馬金龍，字榮則，襲父爵，拜侍中、鎮西大將軍、開府、雲中鎮大將、朔州刺史，徵爲吏部尚書。太和八年（484）薨，贈大將軍、司空公、冀州刺史，謐康王。司馬金龍初納太尉、隴西王源賀女爲妻，生延宗、纂（茂宗）、悅（慶宗）三子，後娶北涼王且渠牧犍與世祖（太武帝拓跋燾）之妹武威公主所生之且渠氏，生子徽亮。因且渠氏有寵於文明太后，故以徽亮襲爵。

欽文姬辰，爲源賀之女。源賀，即賀豆跋，爲河西南涼王禿髮傉檀之子[24]，明元帝神瑞元年（414），禿髮傉檀爲西秦乞伏熾磐所滅[25]而自樂都奔魏。禿髮傉檀本河西鮮卑人，因與拓跋鮮卑同源，故源賀被太武帝拓跋燾改姓源氏。欽文姬辰死亡的同年（474），源賀辭太尉職務，并薨於五年後。[26]

且渠氏的相關資料，散見於《晉書》《魏書》《北史》《十六國春秋》等史籍中。其父且渠牧犍（茂虔），乃末代北涼王。其母武威公主，爲北魏世祖拓跋燾之妹。且渠牧犍尚武威公主爲妻的時間當在且渠牧犍即北涼王位（433年）[27]之後不久，也就是說，且渠氏的出生年代不會早於433年。據《魏書》卷七七《高崇》,且渠氏在顯祖獻文帝(466—471年在位)初年詔爲高潛之妻,同時被封爲武威公主。[28]據同書卷九九《盧水胡沮渠蒙遜》,且渠氏是在其母,即世祖妹武威公主卒後不久,以國甥親寵,得襲母爵爲武威公主的,[29]由此可知且渠氏的這次婚姻及襲爵武威公主都發生在獻文帝拓跋弘初期。高潛不久即卒,但且渠氏與高潛生有一子高崇,因且渠牧犍一族被誅,曾以高崇繼牧犍,改姓且渠。[30]孝文帝延興四年(474)后,受寵於文明太后的且渠氏很可能是在文明太后的主持下,又嫁給了司馬金龍。從司馬金龍墓所出土的文物中,我們找不到任何有關且渠氏的信息,由此判斷且渠氏的死亡時間當在司馬金龍之後。

據此,排列出司馬金龍家族及姻親的譜系:

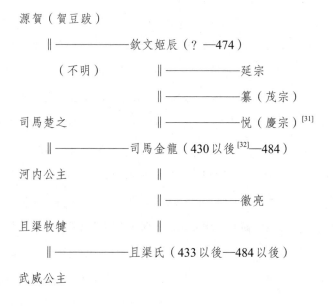

源賀(賀豆跋)

‖————————欽文姬辰(?—474)

(不明)   ‖—————————延宗

        ‖—————————篡(茂宗)

司馬楚之   ‖—————————悦(慶宗)[31]

‖————————司馬金龍(430以後[32]—484)

河內公主   ‖

        ‖—————————徽亮

且渠牧犍   ‖

‖————————且渠氏(433以後—484以後)

武威公主

通過以上考察可知，司馬金龍家族源自一個具有東晉南朝文化背景的家族，然而自司馬楚之奔魏，尚諸王女河內公主，生金龍，後金龍娶太尉、隴西王源賀女，生子三人，又娶北涼王且渠牧犍女，生子一人。其家族雖源自南朝漢文化，但也融入了鮮卑文化以及河西漢文化。如此，可對司馬金龍墓出土墓誌所包含的複雜地域文化特徵作出闡釋，司馬金龍的第一任妻子欽文姬辰最早死亡，推測其喪葬儀式是在司馬金龍的主持下進行的，因此欽文姬辰墓誌所反映的東晉墓誌特徵，自然與司馬金龍的文化背景有關，而司馬金龍的葬禮，推測是在後任妻子且渠氏的主持下進行的[33]，因此司馬金龍墓誌所反映的自然是具有河西喪葬文化的河西圓首碑形墓表特徵了。

司馬金龍墓表與北魏平城時代碑形墓誌的源流

司馬金龍墓出土碑形墓誌所具有的河西文化與東晉南朝文化特徵并非孤例，在北魏的整體文化特徵上也具有代表意義。北魏之漢文化，主要是江左漢文化與河西漢文化的綜合產物。正如陳寅恪先生所言，秦涼諸州西北一隅之地，其文化上續漢、魏、西晉之學風，下開（北）魏、（北）齊、隋、唐之制度，承前啓後、繼絕扶衰，五百年間延綿一脈，然後始知北朝文化系統之中，其由江左發展變遷輸入者之外，尚別有漢、魏、西晉之河西遺傳。[34]對於這一問題，前輩學者已有諸多具體研究。比如北魏的刑律，實綜匯中原士族僅傳之漢學及永嘉亂後河西流寓儒者所保持或發展之漢魏晉文化，并加以江左所承西晉以來之律學。[35]這種模式的融合在諸多文物制度上也隨處可見。[36]但總體上講，北魏平城時期的漢文化，還是以接受河西文化爲

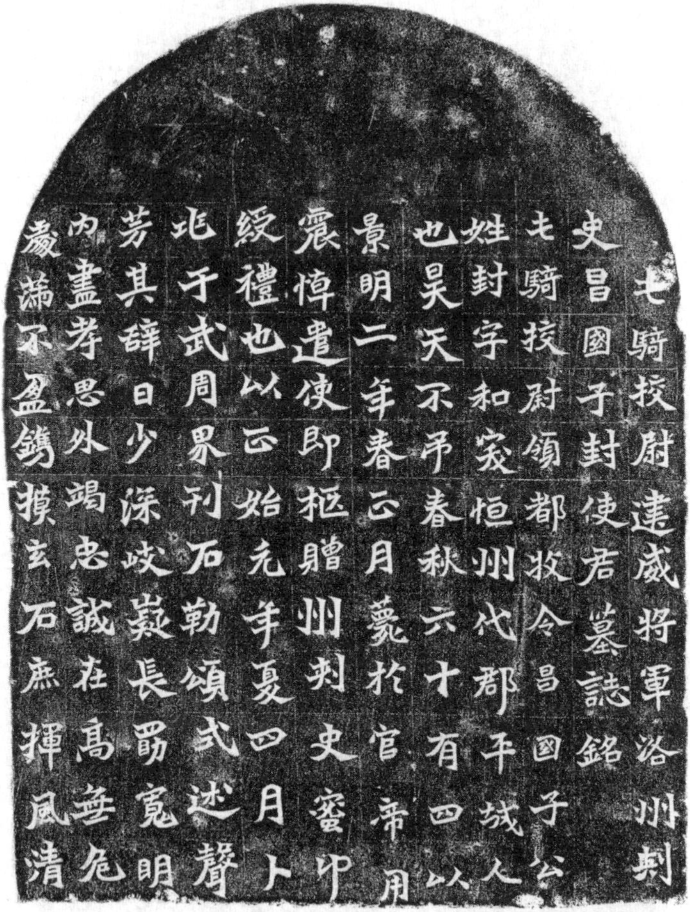
屯騎校尉建威將軍洛州刺
史昌國子封使君墓誌銘
屯騎校尉領都牧令昌國子公
姓封字和突恒州代郡平城人
也昊天不弔春秋六十有四以
景明二年春正月薨於官帝用
震悼遣使即柩贈州刺史璽卬
綬禮也以正始元年夏四月上
窆于武周界刊石勒頌式述聲
芳其辭曰少深岐嶷長罰寬明
內盡孝思外竭忠誠在高無危
處滿不盈鐫撰玄石庶揮風清

圖4　封和突墓誌拓片

圖 5　元淑墓誌拓片

主流，不但在制度方面尤爲突出，在平城時代的墓誌源流問題上也有所表現。

殷憲先生在研究早期平城墓誌時認爲，北魏平城時期的墓誌以多樣化爲特點，并無統一的形制。形成這種狀况的原因，主要是北魏的京畿平城作爲一個多民族聚居地，居民成分非常複雜，即便漢族士人，也來自不同的地域和政治集團，墓誌的形制勢必反映不同地域的習俗。同時他認爲，碑形墓誌應該是北魏平城時代墓誌的基本形式。[37]殷憲先生以上觀點雖然论及不深，却十分有見地。可惜他對北魏碑形墓誌的源流問題没有作進一步探討。

至今以大同爲中心的山西地區出土北魏時代墓誌已達到十餘件，其中方形、碑形等東晉十六國時期的墓誌形態都包含在其中，更有此前從未出現過的四邊起框的方形高框墓誌。[38]然而總體上講，碑形墓誌到後來占據了主要地位。特別是司馬金龍墓誌之後的碑形墓誌，雖然名稱上已由"墓表"改稱"墓誌銘"（圖4）[39]、"墓誌"（圖5）[40]，甚至銘文書寫格式已經完全與南朝的墓誌銘文書式相同，但從其形制上仍然能够看到河西圓首碑形墓表的圓首碑形特徵。换句話説，河西圓首碑形墓表從河西流傳到平城之後，開始融入東晉南朝等江南地區的墓誌特徵，并形成北魏平城地區的墓誌特徵。

其實，北魏平城時代的這種喪葬文化現象，不僅僅反映在了墓誌上，在墓室的建造上也有很多相似表現。比如北魏境内平城早期至中期的墓葬形制，地域性極强，大致可分爲三燕區的石椁土穴墓以及秦夏區（關隴一帶）的高封土長墓道土洞雙室墓。五凉以及關隴地區的葬俗與墓形却對平城後期的墓葬形制有重大影響。[41]北魏平城時代這種墓室建造形式演變與墓誌特徵演變的吻合，進一步證明了河西圓首碑形墓表對平城地區的影響。

結　語

　　本文通過對司馬金龍墓葬出土墓誌的研究，指出其碑形墓誌源於河西圓首碑形墓表的問題，并進一步通過對墓誌銘文用詞特徵的分析，指出其雖是河西墓誌的形制，却有東晉墓誌的銘文特徵。進而通過對司馬金龍家族的分析，指出這些現象是其家族成員不同的地域文化背景使然。最後進一步指出，北魏平城時期的碑形墓誌主要繼承了河西圓首碑形墓表的文化内涵，并融入東晉南朝墓誌的特徵，形成了具有平城地域特徵的墓誌。

注　釋

[1] 參見拙文《十六國時期碑形墓誌源流考》，《文史》2008年第2期。

[2] 山西省大同市博物館、山西省文物工作委員會：《山西大同石家寨北魏司馬金龍墓》，《文物》1972年第3期，第20—32頁。

[3] 參見志工《略談北魏的屏風漆畫》，《文物》1972年第8期，第56頁；宿白《盛樂、平城一帶的拓跋鮮卑——北魏遺迹——鮮卑遺迹輯録之二》，《文物》1977年第11期，第44頁；楊泓《北朝文化源流探討之一——司馬金龍墓出土遺物的再研究》，《北朝研究》1989年第1期，第13—21頁。

[4] 宋馨：《司馬金龍墓葬的重新評估》，載殷憲主編《北朝史研究：中國魏晉南北朝史國際學術研討會論文集》，北京：商務印書館，2004年，第561—581頁；揚之水：《北魏司馬金龍墓出土屏風發微》，《中國典籍與文化》2005年第3期，第34—41頁；張麗：《北魏司馬金龍墓屏風漆畫研究》，《河南科技大學學報》（社會科學版），2005年第3期，第14—16頁；鄒清泉：《北魏墓室所見孝子畫像與"東園"探考》，《故宮博物院院刊》2007年第3期，第16—39頁。

[5] 殷憲：《北魏早期平城墓銘析》，載同氏、馬志強《北朝研究》（第一輯），北京：北京燕山出版社，2000年，第163—192頁；前揭宋馨《司馬金龍墓葬的重新評估》，

第564—565、571—572頁。

[6] 河西圓首碑形墓表的書式構成爲"紀年＋官號＋墓主名＋墓域位置"等，參見拙文
《十六國時期碑形墓誌源流考》。

[7] 參見鍾長發、寧篤學《武威金沙公社出土前秦建元十二年墓表》，《文物》1981年第
2期，第8頁；宿白《武威行——河西訪古叢考之一（上）》，《文物天地》1992年第
1期，第6頁。

[8] 固原博物館編著《固原歷史文物》，北京：科學出版社，2004年，第113、114頁。

[9] 北魏太武帝太延五年（439），高宗拓跋燾滅北凉後，"徙涼州民三萬餘家于京師"，
這其中必定有北涼工匠隨行。參見《魏書》卷四上《世祖紀》，北京：中華書局，
1984年，第1冊，第90頁。（以下所引《二十四史》均爲此版本）

[10]《魏書》卷一○六上《地形志上》，第7冊，第2480—2481頁；（清）顧祖禹撰《讀
史方輿紀要》卷四九，賀次君、施和金點校，北京：中華書局，2006年，第2284
頁。《魏書·地形志》所記載懷州的罷置時間爲太和十八年，而《讀史方輿紀要》引
《魏書·地形志》的時間是太和八年，不知何據。但從司馬金龍的兩件墓表看，懷
州的罷置應該是在太和八年而不是十八年。

[11] 新疆文物考古研究所：《吐魯番阿斯塔那第十次發掘簡報（1972—1973年）》，《新疆
文物》2000年第3、4期合刊，第84—168頁。

[12] 參見南京市博物館《南京象山8號、9號、10號墓發掘簡報》，《文物》2000年第7期，
第4—20頁；陳大爲、李宇峰《遼寧朝陽後燕崔遹墓的發現》，《考古》1982年第3
期，第270—274頁；鄭隆《內蒙古包頭市北魏姚齊姬墓》，《考古》1988年第9期，
第856—857頁；等等。

[13] 參見前揭宋馨《司馬金龍墓葬的重新評估》，第571頁。

[14] 參見侯燦、吳美琳《吐魯番出土磚誌集注》，成都：巴蜀書社，2003年。

[15] 參見歷年吐魯番古墓群考古發掘報告，最近的發掘報告請參考《考古》（2006年第2
期）發表的《新疆吐魯番地區交河故城溝西墓地康氏家族墓》（第12—26頁）、《新
疆吐魯番地區木納爾墓地的發掘》（第27—46頁）、《新疆吐魯番地區巴達木墓地發
掘簡報》（第47—72頁）等。

[16] 東晉南朝墓誌的出土情況，請參考《考古》《文物》等相關刊物發表的發掘報告。

[17] 蔣若是、郭文軒《洛陽晉墓的發掘》，《考古學報》1957年第1期，第169—185頁。

[18] 參見〔日〕三崎良章《大夏紀年墓誌銘中"大夏二年"的意義》，載前揭殷憲主編
《北朝史研究》，第546—551頁。

[19] 參見趙萬里《漢魏南北朝墓誌集釋》，北京：科學出版社，1956年，第13頁，圖版
第19；又見《書道全集》（第六卷），東京：平凡社，1982年，第5頁。

[20] 欽文姬辰之銘爲"倍鄉"，司馬金龍之子司馬悅墓誌中的地名爲"河內溫縣都鄉孝
敬里"。[《新中國出土墓誌·河南》（壹），北京：文物出版社，1994年，圖版見上

册第212頁，録文見下册第202頁]《晉書》卷一《宣帝》載，司馬皇族爲河内温縣孝敬里人，無倍鄉、肥鄉之記載。(北京：中華書局，1974年，第1頁)另外，《魏書》卷一〇六中《地形志中》載有肥鄉縣，屬齊州東魏郡(第2524頁)，與此肥鄉無關。

[21] 關於墓誌的紀年性質，請參考拙文《麴氏高昌墓磚の紀年問題》，《歷史研究》第37號，大阪教育大學編印，1999年，第13—32頁；又見《高昌墓塼書式研究——以"紀年"問題爲中心》，《新疆師範大學學報》(哲學社會科學版)，2004年第1期，第54—61頁。

[22] 《魏書》卷三七《司馬楚之》，第854—860頁。

[23] 降魏時間，參見《魏書》卷三《太宗紀》，第59頁。

[24] 《魏書》卷四一《源賀》，第919—939頁。

[25] 《魏書》卷三《太宗紀》，第54—55頁。

[26] 有關源賀的研究，參見前揭宋馨《司馬金龍墓葬的重新評估》，第566—567頁及相關注釋。

[27] 參見《魏書》卷九九《盧水胡沮渠蒙遜》，第2203—2210頁。

[28] 參見《魏書》卷七七《高崇》，第1707—1719頁。

[29] 參見《魏書》卷九九《盧水胡沮渠蒙遜》，第2209頁。

[30] 參見《魏書》卷七七《高崇》，第1707—1719頁。

[31] 司馬悦事迹，又見前揭司馬悦墓誌。

[32] 此年代參考前揭宋馨《司馬金龍墓葬的重新評估》，第565頁。

[33] 在北朝的家庭中，往往存在嫡妾不分的情形。且渠氏雖然是司馬金龍的繼室夫人，但因其爲公主所生，外家爲皇室，又得文明太后的寵愛，而且從其子襲爵的史實看，且渠氏在司馬金龍的家族中應該具有支配地位。參見史睿《南北朝士族婚姻禮法的比較研究》，載榮新江主編《唐研究》(第十三卷)，北京：北京大學出版社，2007年，第177—202頁。

[34] 陳寅恪：《隋唐制度淵源略論稿·禮儀》，北京：中華書局，1977年，第41頁。

[35] 前揭陳寅恪《隋唐制度淵源略論稿·刑律》，第111頁。

[36] 參見馬長壽《北魏的移民代都和山東、河西、南朝的文物制度對於北朝的影响》，載同氏《烏桓與鮮卑》，桂林：廣西師範大學出版社，2006年，第39—66頁。關於南朝文化傳入北魏的問題，又見王永平《北魏時期南朝流亡人士行迹考述——從一個側面看南北朝之間的文化交流》，載前揭殷憲主編《北朝史研究》，第120—133頁。

[37] 參見前揭殷憲《北魏早期平城墓銘析》，第167頁。

[38] 參見前揭殷憲《北魏早期平城墓銘析》，第163—192頁；又見同氏《北魏平城書法綜述》，《東方藝術》2006年第3期，第6—47頁。

[39] 如大同市出土的景明二年(501)封和突墓誌，參見馬玉基《大同市小站村花圪塔

臺北魏墓清理簡報》,《文物》1983年第8期，第1—4頁。

[40] 如大同市出土的永平元年（508）元淑墓誌，大同市博物館《大同東郊北魏元淑墓》,
《文物》1989年第8期，第57—65頁；王銀田《元淑墓誌考釋——附北魏高琨墓誌
小考》,《文物》1989年第8期，第66—68頁。

[41] 參見Shing Müller, *Die Gräber der Nördlichen Wei-Zeit (386–534)*, Dissertation, Ludwig-
Maximilians-Universität München, 2000；前揭宋馨《司馬金龍墓葬的重新評估》，第
569頁，注釋1。

漢魏晉南北朝時期神道石柱及相關問題探析 *

　　筆者此前曾經針對十六國時期河西圓首碑形墓表源流問題進行探討。[1]在該研究中，雖然在編纂文獻中檢索到一些有關"墓表"的信息，但是均與河西圓首碑形墓表無關。然而筆者注意到，"墓表"一詞雖然歷史久遠，但從古到今都存在概念混亂的問題。如文獻史料中出現漢魏晉南北朝時期的"墓表"多指神道石柱，而考古發掘所見"墓表"均爲十六國時期北方地區出土的碑形墓誌。唯宋代趙明誠《金石録》中所録"漢謁者景君表"爲根椐碑刻實物而記録的"墓表"[2]，却屬墓碑一類。這種混亂在今人研究中更是比比皆是，如發現於甘肅武威的一件神道石柱上的方版"魯銓刻銘"[3]，有人將其稱爲

圖1　"侯君神道"方版

---

*　原載《張廣達先生八十華誕祝壽論文集》，臺北：新文豐出版公司，2010 年，第
　19—30 頁，後載《碑林集刊》（第 17 輯），西安：三秦出版社，2011 年。

"墓表"[4]，亦有人將其視爲"墓誌"[5]；再如近年在山西發現的一件晉代神道石柱上的方版刻銘（圖1），發現者却將其稱爲"墓誌"[6]等。

　　針對以上問題，筆者認爲有必要對"神道石柱""墓表"等概念進行梳理，以進一步理解河西圓首碑形墓表的性質，同時也可避免學術界在今後的研究中出現定名上的混亂和錯誤。

文獻史料中的"墓表"

　　通過對中國古代編纂文獻的檢索可知，編纂文獻中出現的"墓表"可以分爲兩類，即神道石柱和墓碑。

（一）被稱爲"墓表"的神道石柱[7]

　　《資治通鑑》卷一二九《宋紀》"孝武帝大明七年"條有"墓前石柱"的記載。對"石柱"二字，胡三省的注釋是："石柱，墓表也。"[8]將神道石柱稱爲"墓表"或始自於此，[9]至今猶然。[10]

　　迄今爲止，通過考古發掘等獲得的漢魏晉南北朝時代的神道石柱已有二十件以上。除了北京西郊出土漢元興元年（105）秦君神道石柱（圖2）[11]、山東歷城出土漢琅琊相劉君神道[12]、河南洛陽出土西晉永寧元年（301）韓府君神道[13]、河南博愛出土晉故樂安相河內苟府君神道[14]、四川巴縣出土東晉隆安三年（399）楊陽神道[15]、山東安丘出土晉太康五年（284）王君神道[16]，其他的基本集中在南京六朝陵墓區域。[17]此外，還有保存狀況不明的河南安陽出土霍君神道方版[18]、出土地不明的謝君神道方版[19]、甘肅武威出土咸寧四年（278）魯銓刻銘[20]、出土地不明的晉故振威將軍鬱林太守關內侯河內趙府君墓道[21]，以及前文所述近年出土晉故金城長河東侯君之神道[22]。

編纂文獻中還見一些神道石柱的記載。比如《魏書》卷九三《趙脩》："脩之葬父也……制碑銘，石獸、石柱……"[23]《隋書》卷八《禮儀三》："（梁天監）六年，申明葬制，凡墓不得造石人獸碑，惟聽作石柱，記名位而已。"[24]隋唐以後，神道石柱已經成爲帝王陵寢石刻中的重要内容。但需指出的是，唐宋以後的神道石柱（望柱），與考古發掘所見漢魏晉南北朝時期的神道石柱大不相同，已經没有了刻寫銘文的方版。[25]五代十國時期有的王國甚至禁用石柱。[26]

圖2　漢秦君神道石柱

上文所述考古發現之神道石柱，除了銘文風化以及銘文中自名"墓道"之晉故振威將軍鬱林太守關内侯河内趙府君墓道和無自名之魯銓刻銘，均自名"神道"。[27]歷代編纂文獻中，也多記爲"石柱"。[28]很顯然，這類石刻與明確刻寫"墓表"二字的河西圓首碑形墓表類石刻不同。因此，將這類石刻統稱爲"神道石柱"應該没有問題。[29]

(二) 墓葬地面所立之碑形墓表

據明代徐師曾考證，墓葬地面所立墓表始見於東漢安帝元初元年（114）之謁者景君墓表，其文體與碑碣同。以其豎於神道，故又稱神道表。[30]然而謁者景君墓表實物已佚，通過文獻記載也僅知其題額爲"漢故謁者景君墓表"八字及部分銘文"唯元初元年五月丁卯故謁者任城景君卒……"[31]內容。通過題額、碑陽及碑陰等刻銘可知，此墓表爲碑形刻石，但碑首形制不得而知。檢索現存漢代碑刻資料可知，東漢中平三年（186）之張遷碑[32]，其題額爲"漢故穀城長蕩陰令張君表頌"，形制爲圓首碑形，這些信息似乎可以爲認識謁者景君墓表提供參考。當然，張遷碑并非墓碑，而是張遷從穀城長轉任湯陰令時，穀城吏民爲紀念他的遺德而豎立的去思碑。但是張遷碑題額"表頌"之"表"，與"墓表"的"表"應該有着同樣的内涵。或許可以考慮，其圓首碑形之形態，反映了那個時代墓葬用碑的信息。

文獻史料有關"墓表"的記載，首先是宋代吳儆《竹洲集》卷九《答汪仁仲求撰墓誌書》中的一段内容："古今士大夫之家所立碑誌，必先有行狀，然後求當世名士叙而書之，埋之墓中，謂之墓誌。爲陵谷遷變設也。既葬，復以誌銘之語，掇其大略，揭之墓道。三品以上謂之碑，餘碣若表。故必有行狀而後有墓誌，有墓誌而後有墓表。"[33]其次是明代吳納《文章辨體序説》轉引《事祖廣記》的内容："古者葬有豐碑以窆。秦漢以來，死有功業，則刻於上，稍改用石。晉宋間始稱神道碑，蓋地理家以東南爲神道，碑立其地而名云耳。"[34]同書亦載："墓碣，近世五品以下所用，文與（墓）碑同。墓表，則有官無官皆可，其辭則叙學行德履。……凡碑、碣、表於外者，文則稍詳；誌銘埋於壙者，文則嚴謹。其書法，則唯書其學行大節；小善寸長，則皆弗録。"[35] 又徐師曾《文體明辯序説》："蓋葬者既爲誌以藏諸幽，又爲碑、碣、表，以揭於外。"[36] 清代黄宗羲《金石要例》載："墓表，表其人之大略可以傳世者，不必細詳行事，如唐文通先生、宋明道先生之墓表也。……今制，三品以上神道碑，四品以下墓表。銘藏於幽室，人不可見；碑表施於墓上，以之示人。雖碑表之名不同，其實一也。……自有墓表，更無墓碣。則墓表之製，方趺圓首可知矣。"[37]

通過以上文獻史料，可對墓葬地面所立墓表作如下總結：第一，墓表作爲墓葬地面石刻使用，始自東漢時期；第二，墓表與墓碑和墓碣同樣是墓葬神道上竪立的石刻，其形制爲方趺圓首形；第三，墓表使用者身份在明代没有限定，而在清代則限定四品以下官員使用。[38]

墓葬地面石刻的墓表，與墓碑和墓碣相同，自東漢至明清一直被沿用，是墓葬地面神道上竪立的一個石刻種類。然而在隋、唐、宋三代喪葬令[39]中雖然有墓碑和墓碣的使用制度，但没有關於墓表的使用制度。而且，前引文獻史料記述的"墓表"，基本是唐宋時代以後制度化的墓表，唐宋以前并没有相關制度。但是，唐宋文化的延續性不可否認，唐宋以後的喪葬制度延續自唐宋時期亦是肯定的。故可推測，隋、唐、宋三代喪葬令中没有關於墓表的使用制度，很可能是墓表使用者身份不高的緣故。

墓表與河西圓首碑形墓表

通過以上探討，明確了文獻史料中"墓表"的性質。但這些地面石刻之墓表與河西圓首碑形墓表有着本質區別。在此，筆者在前文基礎上對墓表與河西圓首碑形墓表的關係作進一步探討。

關於河西圓首碑形墓表，其特徵有如下幾點：第一，皆爲方形趺座，圓首碑形，碑本體高度在70厘米以下；第二，皆埋藏在墓室内或墓葬地下的其他位置；第三，碑額或銘文中均有"墓表"之自名；第四，銘文内容包括紀年、墓主官號、姓名、埋葬方位等，銘文字數在百字以内；第五，使用者皆爲河西王族或豪族，有着顯赫的身份和地位；第六，銘文均爲隸書，有着比較統一的風格。[40]

以上特徵，除了第六項的書體無法與其同時代的墓葬地面石刻之墓表進行對比，其他方面可比較如下：第一，墓表與河西圓首碑形墓表均自名"墓表"；第二，二者均爲圓首碑形；第三，墓表爲墓葬地面石刻——墓碑，河西圓首碑形墓表爲墓葬地下石刻——墓誌；第四，河西圓首碑形墓表的銘文内容與墓表相比無虛美諛墓之辭，非常簡略，墓表（包括墓碑、墓碣）的内容較詳細；第五，墓表的使用者身份較低，河西圓首碑形墓表的使用者身份較高；第六，墓表自東漢至明清在以漢文化爲主的地區均有使用，河西圓首碑形墓表僅限於十六國時期的西北地區。

結　语

本文在河西圓首碑形墓表研究的基礎上，針對歷史文獻中所記録的墓表進行了探討。具體結論如下：首先，編纂文獻中所記載的被稱爲"墓表"的神道石柱是一種自東漢至明清在中原漢文化區域普遍使用的喪葬石刻，這類石刻從古至今常常被稱爲墓表，然而，其性質雖爲墓葬石刻之一種，但與墓碑類之墓表不同，有其獨立的發展體系；其次，作爲墓碑類石刻之墓表，自東漢開始出現，且作爲墓葬石刻的一種，直至明清時期還在使用，也有其獨立的發展體系；最后，作爲墓誌類石刻之河西圓首碑形墓表，雖然其名稱、形制和銘文自成一系，但其使用範圍局限在十六國至北朝時期的西北地區。

注 釋

[1] 參見拙文《十六國時期碑形墓誌源流考》，《文史》2008年第2期，第37—54頁；《司馬金龍墓葬出土碑形墓誌源流淺析》，載《紀念西安碑林九百二十周年華誕國際學術研討會論文集》，北京：文物出版社，2008年，第553—562頁。
[2] 參見（宋）趙明誠《宋本金石録》，北京：中華書局，1991年，第327頁。
[3] 參見王素《西晉魯銓墓表跋》，載《出土文獻研究》（第六輯），上海：上海古籍出版社，2004年，第271—278頁。
[4] 參見北京圖書館金石組編《北京圖書館藏中國歷代石刻拓片匯編》（第二册），鄭州：中州古籍出版社，1989年，第45頁。
[5] 參見〔日〕福原啓郎《西晉の墓誌の意義》，載〔日〕礪波護編《中國中世の文物》，京都：京都大學人文科學研究所，1993年，第315—369頁。
[6] 參見衛文革《山西芮城發現一方晉代墓誌》，《文物世界》2008年1期，第41—42頁。
[7] 爲了區別於神道碑，本文以滕固和朱偰的著作爲準，統一稱其爲"神道石柱"。參見滕固《六朝陵墓石碛述略》，載《六朝陵墓調查報告》，中央古物保管委員會，1935年；或參見《民國叢書》第四編，第87册，歷史·地理類，上海：上海書店，1988年，第71—78頁；又見楊曉春編《朱希祖六朝歷史考古論集》，南京：南京大學出版社，2009年，第103—117頁；朱偰《丹陽六朝陵墓的石刻》，《文物參考資料》1956年3期；又見朱偰《丹陽六朝陵墓的石刻》，載《建康蘭陵六朝陵墓圖考》，北京：中華書局，2006年，第94—100頁。此外，關於"神道石柱"之稱謂，參見〔日〕關野雄《華表考》，《東洋学報》第66卷第1—4號，1985年，第410—411頁。
[8]《資治通鑑》卷一二九《宋紀》，"孝武帝大明七年"條，北京：中華書局，1956年，第4063頁。
[9]《吕氏春秋》卷二五《慎小篇》："吴起治西河，欲諭其信於民，夜日置表於南門之外……"高誘注："置，立也。表，柱也。"（參見陳奇猷校釋《吕氏春秋校釋》，上

海：學林出版社，1984年，第1681、1686頁）《漢書》卷四四《淮南衡山濟北王傳第十四》中有"又陽聚土，樹表其上曰'開章死，葬此下'"的記載，顏師古注："表者，豎木爲之，若柱形也。"（北京：中華書局，1962年，第2141—2142頁）。又見《史記》卷一一八《淮南衡山列傳》，北京：中華書局，1959年，第3077頁。胡三省之注釋，或據此。

[10] 參見〔日〕森鹿三《六朝の陵墓》，載《書道全集》（第五卷），東京：平凡社，1982年，第36頁；北京市文物工作隊《北京西郊發現漢代石闕清理簡報》，《文物》1964年第11期，第13—22頁；羅宗真《六朝陵墓及其石刻》，《南京博物院集刊》（第一集），1979年，第93頁；黃明蘭《西晉散騎常侍韓壽墓墓表跋》，《文物》1982年1期，第65—69頁。以上論著中，皆稱神道石柱爲"墓表"。

[11] 前揭《北京西郊發現漢代石闕清理簡報》，第13—22頁。本圖版引自《北京文物精粹大系·石刻卷》，北京：北京出版社，2004年，第100頁。

[12] 王獻唐：《漢琅邪相劉君墓表》，見《山東省立圖書館季刊》第1卷第1期，1933年，第15—18頁；此外，本神道石柱圖版亦揭載於前揭滕固《六朝陵墓石磧述略》（《民國叢書》，第四編，第87册，歷史·地理類，第91頁）插圖1。

[13] 前揭黃明蘭《西晉散騎常侍韓壽墓墓表跋》，第65—69頁；另見前揭滕固《六朝陵墓石磧述略》，第91頁，插圖1左圖"驃騎將軍石柱"。關於其時代，滕固認爲是晉代之物，關해雄認爲可能是漢代之物（參考前揭同氏《華表考》，第412—413頁）。可以確定，此神道石柱爲西晉永寧元年（301）韓府君神道石柱。

[14] 劉習祥、張英昭：《博愛縣出土的晉代石柱》，《中原文物》1981年第1期，第63頁。

[15] 前揭《北京圖書館藏中國歷代石刻拓片匯編》（第二册），第91頁；又見前揭《書道全集》（第五卷），圖版112。此神道石柱實物現藏北京故宮博物院。

[16] 前揭《北京圖書館藏中國歷代石刻拓片匯編》（第二册），第50頁。

[17] 參見朱希祖《神道碑碣考》，載前揭《六朝陵墓調查報告》；另參見羅宗真《六朝陵墓埋葬制度綜述》，載《中國考古學會第一次年會論文集》，北京：文物出版社，1980年，第358—366頁；前揭〔日〕森鹿三《六朝の陵墓》。

[18] 《北京圖書館藏中國歷代石刻拓片匯編》（第二册），第29頁。"方版"之稱謂，參考前揭朱希祖《神道碑碣考》。

[19] 前揭《北京圖書館藏中國歷代石刻拓片匯編》（第二册），第32頁。另外，《北京圖書館藏中國歷代石刻拓片匯編》中，將霍君神道方版及謝君神道方版名爲"神道碑"，然而從其形制及銘文看，并非神道碑，而是神道石柱上之方版。

[20] 參見前揭《北京圖書館藏中國歷代石刻拓片匯編》（第二册），第45頁；另見前揭王素《西晉魯銓墓表跋》。

[21] 參見前揭《北京圖書館藏中國歷代石刻拓片匯編》（第二册），第106頁。

[22] 參見前揭衛文革《山西芮城發現一方晉代墓誌》。

[23]《魏書》卷九三《趙脩》，北京：中華書局，1974年，第1998頁。

[24]《隋書》卷八《禮儀三》，北京：中華書局，1973年，第153頁。

[25] 劉向陽：《唐代帝王陵墓》，西安：三秦出版社，2003年，第94—114頁；又見陳朝
雲《南北宋陵》，北京：中國青年出版社，2004年，第124—125頁；等等。

[26] 參見《舊五代史》卷一一三《周書》第四《太祖紀四》：“帝自郊禋後……陵寢不
須用石柱。”（北京：中華書局，1976年，第1503頁）關於歷代神道石柱的使用制
度，參見楊寬《中國古代陵寢制度史研究》，上海：上海古籍出版社，1985年，第
144—150頁；又見前揭〔日〕關野雄《華表考》，第411、418頁。

[27] 其中山東省出土漢琅邪相劉君墓表，此前學界均稱其爲“墓表”，但因銘文缺失，
根據不足。參見前揭王獻唐《漢琅邪相劉君墓表》及陳明達《漢代的石闕》（《文物》
1961年第12期，第17頁）。筆者認爲其缺文或可補“神道”二字。

[28] 除了前引編纂文獻，關於石柱的記載尚多，如《後漢書》卷四二《中山簡王焉》：
“大爲修冢塋，開神道。”李賢注：“墓前開道，建石柱以爲標，謂之神道。”（北京：
中華書局，1965年，第1450頁）《水經注》卷九《清水篇》：“有漢桂陽太守趙越
墓……碑北有石柱石牛羊虎，俱碎，淪毀莫記。”同書卷九《清水篇》：“清河之右，
有李雲墓……使刑部過祠雲墓，刻石表之，今石柱尚存，俗猶謂之李氏石柱。”卷
二二《洧水篇》：“弘農太守張伯雅墓……有數石柱及諸石數矣。”卷三一《滍水篇》：
“漢安邑長尹儉墓東，冢西有石廟……石柱西南有兩石羊，中平四年立。”（參見王
國維校《水經注校》，上海：上海人民出版社，1984年，第304、327、700、986頁）
其中“李雲墓”又見施蟄存《水經注碑錄》，天津：天津古籍出版社，1987年，第
85頁。

[29] 參考前揭朱希祖《神道碑碣考》。

[30] 原文如下：“按墓表自東漢始，安帝元初元年立謁者景君墓表，厥後因之。其文體
與碑碣同，有官無官皆可用，非若碑碣之有等級限制也。以其樹於神道，故又稱神
道表。”（明）徐師曾著，羅根澤校點《文體明辯序說》，載《文章辯体序說·文體
明辯序說》，北京：人民文學出版社，1962年，第151頁。

[31] 參見前揭《宋本金石錄》，第327頁。

[32] 金石拓片研究會：《漢碑集成》，京都：同朋舍，1994年，第150頁。另見馬子雲、
施安昌《碑帖鑒定》，桂林：廣西師範大學出版社，1993年，第70—72頁；〔日〕
永田英正編《漢代石刻集成》，京都：同朋舍，1994年，《本文篇》第260頁，《圖
版·釋文篇》第252—255頁。

[33]《四庫全書》集部，別集類，南宋建炎至德祐，竹洲集，卷九。

[34]（明）吳納著，于北山校點《文章辯体序說》，載《文章辯体序說·文體明辯序說》，
北京：人民文學出版社，1962年，第52頁。

[35] 前揭（明）吳納著，于北山校點《文章辯体序說》，第52—53頁。

[36] 前揭（明）徐師曾著，羅根澤校點《文體明辯序説》，第150頁。

[37] 《四庫全書》集部，詩文評類，金石要例，墓表例。

[38] 兼平充明的相關研究中，也涉及這方面的内容，觀點如下：（1）墓表爲墓葬地面石刻；（2）墓表使用者的身份没有限制，有官無官皆可使用；（3）墓表内容只記載事實，而且文筆非常簡潔。參見〔日〕兼平充明《書道博物館藏「後秦吕憲墓表」について》，《明大アジア史論集》第7號，2002年2月，第63—81頁。

[39] 〔日〕仁井田陞：《唐令拾遺》，東京：東京大學出版會，1964年，第832—834頁。

[40] 參照前揭拙文《十六國時期碑形墓誌源流考》。

吐魯番交河溝西墓地新出土高昌墓塼及相關問題[*]

　　2004年10月上旬，吐魯番地區文物局對交河故城溝西墓地三十六座（編號2004TYGXM 1—36）因風蝕和盜擾等而遭破壞的墓葬進行了搶救性清理發掘。[1]這三十六座墓葬中有三十三座位於康氏家族塋院，另外三座（M7、M9、M10）散亂於康氏家族塋院外的南、東南、東三側，沒有塋院。三十六座墓葬中，三十三座爲斜坡道土洞墓，三座爲豎穴偏室墓葬。由於遭風蝕和盜擾，這些墓葬均遭到嚴重破壞，出土文物數量較少，其中M8被盜掘一空，其他墓葬出土文物少者三至五件，多者也不過二十餘件。全部出土文物除了一百二十二件罐、碗、盆等陶器，還有銅器六件（包括銅簪、銅環、銅飾件、銅錢等）、鐵器三件（鐵帶扣、鐵簪）、金銀幣五枚、骨器九件、泥俑一件。另外，從康氏家族塋院内M4、M5、M6、M11、M20五座墓葬的墓道分別出土塼質墓誌五方，其紀年最早爲麴氏高昌國延昌三十年（590），最晚爲唐龍朔二年（662）。考古發掘者根據墓葬的性質結構以及隨葬品判斷，其他沒有出土墓誌的墓葬也基本上屬於同一時代

　＊　原載《西域研究》2007年第2期，後收錄於榮新江、李肖、孟憲實主編《新獲吐
　　　魯番出土文獻研究論集》（西域歷史語言研究叢書），北京：中國人民大學出版社，
　　　2010年，第253—262頁。

（6至7世紀）。[2]

　　吐魯番地區古稱高昌，其地東連東土，西通西域，南扼絲路，北控草原，自古爲兵家必爭之地。此地最早爲車師（亦稱姑師）人的棲息地，西漢初元元年（前48）中原政權就在此地設置了戊己校尉，駐扎在名爲高昌的軍事壁壘之中。自此拉開了中原漢人移民吐魯番的序幕。自漢至唐，隨着漢民族的不斷進入，高昌壁壘也開始發展擴大，形成了一個以高昌爲中心的漢人社會，并逐步從高昌壁（前48—327）發展成爲高昌郡（327—442）、高昌國（443—640，包括且渠氏、闞氏、張氏、馬氏、麴氏高昌國）。貞觀十四年（640），唐王朝在此設置西州，將中原體制推行到了吐魯番。

　　吐魯番出土墓誌亦稱高昌塼或高昌墓塼等[3]，其時代基本上集中在麴氏高昌國（500—640）至唐西州（640—8世紀末）時期。由於地域自然環境的限制以及高昌國時代吐魯番特有的喪葬習俗，吐魯番出土墓誌形成了特有的地域、時代特徵。其中最顯著的特點是質地多爲塼質，銘文多用朱砂或墨書寫而未經鑿刻，自名多爲“墓表”，埋藏於墓道靠近地面處等。有關百餘年來出土高昌墓塼的研究，至今已經取得了豐碩的成果。[4]以下只針對交河故城溝西墓地新出土的五方墓塼展開討論。

　　在此先將五方墓塼的相關信息及銘文介紹整理如下[5]：

1. 延昌卅年（590）十二月康□鉢墓表

　　此墓塼青灰色，呈正方形，邊長36.5厘米、厚3.5厘米。墓誌面有橫竪墨綫界欄，銘文朱書，從右至左竪排，共六行，約四十七字。部分字迹漫漶，其最下排由於受潮，字迹已全部脱落。銘文如下：

延昌卅年庚戌歲十

二月朔[甲]寅十八日

庚戌領兵胡將康□

鉢春秋五十有四□

疾卒於[交]河城内□

柩啓康氏之墓[表]

2.延昌卅三年（593）三月康蜜乃墓表

此墓塼青灰色，略呈正方形，長35.7厘米、寬35.6厘米、厚4厘米。銘文朱書，從右至左竪排，共五行，三十五字，部分字迹漫漶。銘文如下：

延昌卅三年癸丑

歲三月□□日卒於

交河塼上殯葬康

蜜乃春秋八十有二

康氏之墓表

3.延昌卅五年（595）三月康衆僧墓表

此墓塼青灰色，正方形，邊長33.2厘米、厚4.5厘米。銘文墨書，從右至左竪排，共五行，三十五字，部分字迹漫漶。銘文如下：

延昌卅五年乙卯

歲三月朔己未廿八

日丙戌帳下左右康

眾僧春秋卅有九

康氏之墓表

4.貞觀十四年（640）十一月十六日康業相墓表

此墓塼青灰色，正方形，高32.3厘米、寬32.9厘米、厚4.6厘米。銘文朱書，從右至左豎排，共七行，五十字，部分字迹漫漶。銘文如下：

貞觀十四年歲次

在庚子十一月朔

甲子十六日巳卯

交河縣民商將康

業相春秋八十有

二以蚊蟯靈殂殯

葬斯墾康氏之墓表

5.龍朔二年（662）正月十六日康延願銘記

此墓塼青灰色，呈正方形，高32.4厘米、寬32.8厘米、厚4.5厘米。墓塼表面有橫豎朱綫界欄，銘文朱書，從右至左豎排，共十五行，二百一十字，部分字迹漫漶。此墓誌無墓誌主姓氏，但墓塼出土於康氏家族墓地，據此推定墓塼主姓康。

諱厶字延願交河群内將之子其先出
自中華遷播屆於交河之郡也君以立
性高潔稟氣忠誠泛愛深慈謙讓爲質
鄉邦推之領袖鄰田謝以嘉仁識幹清
強釋褐而授交河郡右領軍岸頭府隊
正正八品屬大唐啓運乘以舊資告身
有二一雲騎二武騎尉忽以不袁遇患
纏躬醫方藥石將療不絕轉以彌留困
篤今以龍朔二年正月十六日薨於私
第也春秋七十有六即以其年其月十
六日葬於城西暮也河期積善無徵變
隨物化親族爲之悲痛鄉閭聞之歎傷
豈以川水難停斯人逝往故立銘記於
□宮之左使千秋不朽

正月十六日書

以上五方墓塼，時代最早的爲康□鉢墓表，最晚的爲康延願銘記。這五方墓塼均出土於同一個家族的塋院，且從埋葬位置看（參考圖1），M4、M5、M6和M11四座墓葬位置接近，墓塼主的出生年月又相近，墓塼主或許是同輩。[6]M20位置靠前，墓塼主的出生年代又晚於前四人三十年左右，當是子孫輩。[7]

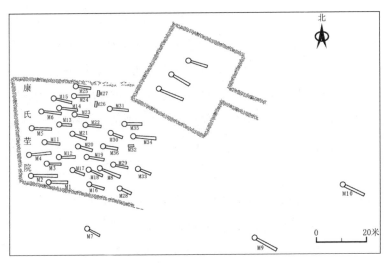

圖1　康氏家族墓平面分布圖^[7]

　　吐魯番出土墓塼基本上可以劃分爲高昌郡和早期高昌國、麴氏高昌國、唐西州三個時期^[8]。康氏塋院出土五方墓塼的製作年代，前三方屬於第二期，後兩方屬於第三期。

　　第二期墓塼的銘文内容比較簡單，一般由埋葬年月日、官歷（女性時刻寫其夫的官職）、追贈官號、郡望、姓名、享年，以及配偶者的姓氏、郡望等内容構成，銘文的最後書刻“某氏（之）墓表”等内容。三方麴氏高昌國時期墓塼中的第一方康□鉢墓表，最後的内容不是“墓表”而是單字“墓”，比較特殊。使用“墓”爲自稱的墓誌，最早的見於河南偃師出土西晉劉韜墓誌^[9]。在高昌墓塼中使用單字“墓”的墓塼，比如章和八年（538）朱阿定墓塼、和平元年（551）趙令達墓塼、延昌三年（563）孟宣住墓塼、延昌六年（566）户曹參軍妻張連思墓塼、延昌十三年（573）任□慎妻墓塼、延昌二十年

（580）孟氏妻某墓塼、延昌二十二年（582）蘇玄勝妻賈氏墓塼等，基本屬章和（531—548）至延昌（561—601）年間。此墓塼的出土進一步説明，自名"墓"者乃麴氏高昌國中前期墓誌特徵之一。[10]

唐西州時期的墓塼屬於變異期。其書式在繼承麴氏高昌國時期高昌墓塼書式的同時開始出現新的變化。這一時期的高昌墓塼既可見到與麴氏高昌國時期墓塼完全相同的書式，亦可見到與中原同時期墓誌完全相同的書式，還有介於兩者之間的書式。此次出土兩方唐西州時期的墓塼，前一方康業相墓表，是迄今爲止所見最早的一方唐統一麴氏高昌後[11]的高昌墓塼。雖然在時代上屬於第三期，但是銘文書式與第二期没有什麽不同。第五方康延願銘記，則與前四方出現了較大的差異。由於其製作時代已經是唐統一高昌後的第二十二年，中原的墓誌文化已經開始影響到吐魯番地區，反映在這方墓誌銘文上的就是銘文内容由簡變繁，以及墓誌名稱發生變化。唐西州時期的高昌墓塼，最初基本上還是使用"墓表"這一名稱。此後開始出現"墓銘""銘""墓誌""墓誌銘"等名稱。至今所見最早使用"墓銘"的墓誌是貞觀二十年（646）成伯意墓銘，最早使用"銘"的墓誌是永徽四年（653）張團兒銘，最早使用"墓誌"的墓誌是永徽六年（655）宋懷憙墓誌，最早使用"墓誌銘"的是永淳二年（683）張歡夫人麴連墓誌銘。"銘記"的名稱，在此前出土的高昌墓塼中，最早的見於聖曆三年（700）張智積妻麴慈音墓誌。但張智積妻麴慈音墓誌在銘文起首使用的是"墓誌"，銘文中使用的是"銘記"。早於張智積妻麴慈音墓誌的康延願銘記只使用了"銘記"，這表現的正是高昌墓塼在進入第三期後開始的從墓表到墓誌的演變過程。

此次交河溝西墓地康氏家族塋院出土的這五方墓塼，雖然時代相近，又屬同一家族，但是仍然呈現出高昌墓塼整體所具有的特點。[12]
比如這五方墓塼，既有朱書，也有墨書，有畫墨格者，亦有畫朱格者，書寫形式較具變化。從書體上看，雖然基本上可以歸納爲楷書體系，但仍然是變化多樣。比如康□鉢墓表（圖4），楷書結體，但是運筆圓潤古秀，既有隸書筆意，又有魏碑體書之遺韻。康蜜乃墓表（圖10），行筆大刀闊斧，不拘一格，其橫畫多不收筆，富有隸意。康衆僧墓表（圖5），時代與康蜜乃墓表相差兩年，書法風格相似。康業相墓表（圖8），楷法結體，但橫筆多不收筆，橫折筆具有魏碑體用筆特徵。康延願銘記（圖9）之書法，楷法用筆，清秀爽利，筆劃間仍餘六朝古意。

　　高昌國延昌三十年，相當於中原隋文帝開皇十年。此時中原不但在政治上已經完成統一大業，在文化上也已經南北融合，反映在書法上即是楷書的普及。隋朝的楷書作品中雖未現後世歐、褚、顏、柳之書風，但也是中規中矩，楷法森然。然而此時的吐魯番，還處在獨立的麴氏高昌國的統治之下。與中原斷絕往來了幾個世代的高昌國已然形成了具有地域色彩的地方文化，反映在書法上的是落後於中原的書體與用筆，而表現在作品上的則是古意之遺韻。康蜜乃墓表與康衆僧墓表相隔時代不遠，很有可能是同一人所書。這種書法風格在吐魯番出土墓誌中比較多見，比如傅子友墓表（圖11）[13]的書法風格與此二墓塼就很相似。康業相墓表的製作時間，距唐滅麴氏高昌設置西州後僅三個月。此時中原王朝雖然統一了這個塞外小國，但是中原文化還沒有及時跟進，表現在吐魯番出土墓誌上，就是這種魏碑體書特徵濃郁的楷書。

　　然而，根據墓誌銘文中出現的康□鉢、康蜜乃、康衆僧、康業

圖2　康虜奴及妻竺買婢墓表

圖3　康如節墓誌

圖4　康□鉢墓表

圖5　康衆僧墓表

圖6　康□□墓表

圖7　康浮圖墓表

圖8　康業相墓表

圖9　康延願銘記

圖10　康蜜乃墓表

圖11　傅子友墓表

相、康延願等特有的姓氏以及"領兵胡將"的官名可知，這五方墓誌主人并非生活在這片土地上的漢人，而均係胡人，即源自中亞昭武的粟特人。迄今爲止，吐魯番地區出土墓誌總數已經達到三百四十餘方[14]，其中可以確定爲粟特人的墓誌除了麟德元年（664）翟郍寧昬母康波蜜提壈至既（墓誌記）及唐神龍元年（705）康富多夫人康氏墓誌兩方[15]和近年洋海墓地出土的五方[16]，基本上都是漢人的墓誌。然而這次考古發掘，一次就出土了五方粟特人墓誌[17]，這不僅爲進一步認識高昌墓塼的書法提供了新的資料，而且對研究隋唐時期吐魯番地區的粟特人也具有重要意義。

由於古代的高昌地處邊陲，沙磧阻隔，交通不便，又因周邊地區多種民族勢力交錯，變亂頻發。因此歷代編纂文獻中對高昌國時期的吐魯番雖有記錄，但多言之不詳。以至於有"國人言語與中國略同……面貌類高驪"[18]"服飾，丈夫從胡法，婦人略同華夏……文字亦同華夏，兼用胡書"[19]的含混記載。

迄今爲止的高昌墓塼，基本上集中出土於高昌故城附近的阿斯塔那墓地和交河故城附近的雅爾湖墓地。而且基本上出土於當地漢人的墓葬中。這表明高昌社會雖然服飾上"丈夫從胡法"，文字上"兼用胡書"，但其主體是漢民族。

然而根據吐魯番出土文獻可知，粟特人在5世紀前半葉就已生活在高昌地區。[20]5世紀中葉以後，因且渠氏高昌滅了盤踞在交河的車師國，粟特人便成爲吐魯番地區西域人中數量最多的一個外來族群。[21]粟特人不僅在吐魯番定居，并且在6世紀早期就已融入漢人社會。他們除了從事所擅長的商業活動，還從事銅匠、鐵匠、畫匠、皮匠、獸醫、旅店店主、翻譯和軍人等職業，更有擔任政府官員者。[22]交河溝西墓地新出土的高昌墓塼進一步證明，高昌國時期，不但在高昌城附近有粟特人聚落[23]，在交河城也有粟特人居住。特別是這批墓塼銘文中出現"卒於交河城内"（康□鉢墓表）、"卒於交河"（康蜜乃墓表）等内容，說明交河的粟特人并沒有像高昌城的粟特人一樣在城外聚居，而是居住在交河城中。通過墓塼銘文中"領兵胡將"（康□

鉢墓表）、"商將"（康業相墓表）的官名進一步得知，交河城内還有粟特人的組織，這些粟特人當爲數不少。或許《梁書》《周書》等史籍中對吐魯番社會文化的描寫，與吐魯番的粟特人不無關係。

至今爲止交河城周邊墓葬中出土的高昌墓塼已有百餘方，但還没有一方能够確定爲粟特人的。這説明交河城内的居民同高昌城一樣，也是以漢人爲主。那麽交河城内的粟特人是以什麽樣的方式居住的呢？也如長安胡人那樣按里坊聚居，抑或混居於交河城漢人居民之間？由於没有更進一步的資料，無從判斷。但是康□鉢墓表中"領兵胡將"的官名似乎告訴我們，麴氏高昌國政府對這些定居交河城内的粟特人可能實行集中管理。姜伯勤先生根據阿斯塔那古墓群出土《高昌丑歲兵額文書》（72TAM151：50）[24]判斷，在義和時期（614—619）交河的軍事方面曾經委與粟特人。[25]如今書寫有"領兵胡將"官名墓塼的出土，更進一步説明，在交河城内可能曾經組成過胡人武裝。

還有一個官名值得關注，就是康業相墓表中出現的"商將"一詞。據管見所知，"商將"一詞在西域出土文獻中還是首次出現，其性質尚待考證。然而該詞出現在粟特人墓誌中，很容易讓人聯想到粟特人"薩寶"一職，"商將"或許就是"薩寶"的意譯。若如此，就進一步證實了交河城内的粟特人應有特别組織，其聚族而居的可能性非常大。

但是從其他幾方粟特人墓塼中的"帳下左右"（康衆僧墓表）、"商將"（康業相墓表）、"内將"（康延願銘記）等銘文看，這些粟特人似乎也擔任着高昌國政府的普通官職。這更進一步説明，生活在交河城的粟特人與當地的漢人一樣，有着完全相同的義務和權利。

康延願銘記在記述康延願的家世時有如下一段内容：

其先出自中華，遷播屆於交河之郡也。君以立性高潔，稟氣忠誠，泛愛深慈，謙讓爲質。鄉邦推之領袖，鄰田謝以嘉仁。

如果没有同塋院其他墓塼的出土，我們大概不會想到銘文中形容的這位謙謙儒者是一位"深目高鼻"的粟特胡人。通過這段銘文我們進一步得知，定居吐魯番的粟特人不但在姓名、習俗上完全漢化，死後跟漢人一樣家族土葬并刻寫墓誌，還將自己的故鄉從西移到東，在精神上也轉變成了中華兒女。通過同塋院其他墓葬出土的墓塼以及塋院墓葬的排列方式[26]可知，康延願家族定居吐魯番雖已七十年以上，却無論如何也和"出自中華"聯係不上。但是，這種不符合歷史實情却符合他們心願的表達方式，無疑是對中華的認同。這不僅揭示了中華文化的一種特徵，事實上這些自稱中華兒女的中亞粟特人，後來確實成爲中華民族的有機組成部分。

注　釋

[1] 參見吐魯番地區文物局《吐魯番交河故城溝西墓地康氏家族墓清理簡報》，《吐魯番學研究》2005年第2期，第1—14頁。該發掘簡報以《新疆吐魯番地區交河故城溝西墓地康氏家族墓》爲題又發表於《考古》2006年第12期，數據信息稍有變動，可參考。

[2] 參見前揭吐魯番地區文物局《吐魯番交河故城溝西墓地康氏家族墓清理簡報》，第14頁。

[3] 以下根據行文采用"高昌墓塼"或"墓塼"之用語，具體到某方墓塼時，以墓塼自名爲準。

[4] 參考拙文《麴氏高昌墓磚の紀年問題》,《歷史研究》第37號, 大阪教育大學編印, 1999年；另見《高昌墓塼書式研究——以"紀年"問題爲中心》[《新疆師範大學學報》(哲學社會科學版), 2004年第1期〕相關注釋。

[5] 本文所用出土文獻錄文, 係榮新江、李肖、孟憲實主持的"新出吐魯番文獻整理小組"集體研究成果。

[6] 根據考古發掘可知, 高昌漢人的墓葬基本上按照輩分從後向前排列。參見吳震《麴氏高昌國史索隱——從張雄夫婦墓誌談起》,《文物》1981年第1期, 第38—46頁；又見《新疆維吾爾自治區博物館論文集》, 烏魯木齊：新疆大學出版社, 2005年, 第4—5頁。

[7] 本圖轉引自考古清理簡報, 第2頁, 圖1, 注釋1。

[8] 參見前揭《高昌墓塼書式研究》, 第54頁；另見《吐魯番出土"且渠封戴墓表"的性質以及無紀年高昌墓塼的年代問題——以高昌墓塼的起源問題爲中心》,《新疆師範大學學報》(哲學社會科學版), 2006年第2期。

[9] 參見趙萬里《漢魏南北朝墓誌集釋》, 北京：科學出版社, 1956年。

[10] 另有延壽三年 (626) 缺名墓誌, 因墓誌面磨損嚴重, 無法判斷銘文最後"墓"字後是否有"表"字。參考侯燦、吳美琳《吐魯番出土磚誌集注》(上冊), 成都：巴蜀書社, 2003年, 第345—346頁。

[11] 唐太宗於貞觀十四年八月統一高昌國, 在此地設置西州。參見《資治通鑑》卷一九五《唐紀》十一, "太宗貞觀十四年 (六四〇) 八月"條, 北京：中華書局, 1956年, 第6154—6155頁。

[12] 參見拙文《高昌塼書法淺析》,《書法》1991年第6期, 第44—45頁。

[13] 參考前揭侯燦、吳美琳：《吐魯番出土磚誌集注》(上冊), 第234—235頁。

[14] 近年來吐魯番地區又出土十餘方墓誌 (包括本文介紹的五方), 由於尚未正式發表, 此數字不包含這些新出土墓誌。

[15] 參考前揭侯燦、吳美琳《吐魯番出土磚誌集注》(下冊), 第515—516、622—623頁。

[16] 參見榮新江《西域粟特移民聚落補考》,《西域研究》2005年第2期, 第1—11頁；另見吐魯番地區文物局《吐魯番巴達木墓地發掘簡報》,《吐魯番學研究》2006年第1期, 第1—58頁。

[17] 根據發掘可知, 康氏家族塋院中還有十餘座墓葬也有埋藏墓誌的痕跡, 惜已被盜掘, 未見實物。

[18]《梁書》卷五四《諸夷》, 北京：中華書局, 1973年, 第811頁。

[19]《周書》卷五〇《異域下》, 北京：中華書局, 1974年, 第915頁。

[20] 參見榮新江《北朝隋唐粟特人之遷徙及其聚落》, 原載《國學研究》(第6卷), 後收入同氏《中古中國與外來文明》, 北京：生活·讀書·新知三聯書店, 2001年, 第37—110頁。

[21] 參見榮新江《祆教初傳中國年代考》,原載《國學研究》(第3卷),後收入同氏《中古中國與外來文明》,第277—300頁。

[22] 參見姜伯勤《敦煌吐魯番文書與絲綢之路》,北京:文物出版社,1994年,第154—198頁。

[23] 參見前揭榮新江《西域粟特移民聚落補考》,第11頁。

[24] 唐長孺主編《吐魯番出土文書》錄文本,第肆冊,第180頁;圖錄本,第貳冊,第102頁。

[25] 參見前揭姜伯勤《敦煌吐魯番文書與絲綢之路》,第159—160頁。

[26] 參考本文注釋6以及文中墓葬位置插圖。

吐魯番出土且渠封戴墓表的性質以及無紀年高昌墓塼的年代問題

以高昌墓塼的起源問題爲中心[*]

　　至今爲止，吐魯番出土的墓誌——高昌墓塼已有三百四十餘方[1]。這些墓塼根據其紀年基本上可以劃分爲麴氏高昌國時期（二百零九方）和唐西州時期（一百二十七方）[2]。此外，還有三方不知製作年代的無紀年墓塼（以下簡稱"無紀年墓塼"）和一方有着獨特形制，也是吐魯番出土墓誌中紀年最早的且渠封戴墓表。

　　對於吐魯番出土墓誌中的三方無紀年墓塼和且渠封戴墓表，已有不少研究。然而隨着吐魯番學的進一步深入和相關學科的進展，筆者對這些吐魯番出土墓誌中的特殊存在有了進一步認識。本文以無紀年墓塼和且渠封戴墓表爲主要資料，探討高昌墓塼的起源問題。

---

*　原載《新疆師範大學學報》（哲學社會科學版），2006 年第 2 期。

且渠封戴墓表的性質

1.有關且渠封戴墓表的先行研究

且渠封戴墓表，1972年出土於吐魯番阿斯塔那古墓群編號爲
TAM177的古墓中。[3]此墓表與至今所見其他吐魯番出土墓誌不同，
形制爲圓首碑形，石質，有碑座。銘文陰刻隸書，錄文如下：

封　太　冠　在　大
戴　守　軍　乙　涼
府　都　將　未　承
君　郎　軍　四　平
之　中　涼　月　十
墓　大　都　廿　三
表　且　高　四　年
也　渠　昌　日　歲

圖1　且渠封戴墓表

且渠封戴墓表是至今爲止吐魯番出土紀年最早的墓誌。自其出
土，就引起學界注意。[4]

且渠封戴墓表的相關研究主要有白須净真、荻信雄[5]和侯燦[6]三
位先生的論文。[7]白須净真和荻信雄認爲，作爲高昌墓塼中特異的存
在，其"墓表"的自稱以及簡單的埋葬年月日、官歷等內容的記述，
同此後出現的高昌墓塼是相通的。同時，由於有紀年的吐魯番出土墓

誌中，且渠封戴墓表是年代最早的一方，可以認爲，且渠封戴墓表是其後出現的高昌墓塼的濫觴。[8]侯燦先生的觀點基本上與白須净真、荻信雄二氏相同。[9]

總體上講，雖然且渠封戴墓表的質地和形態與高昌墓塼都不相同，但是以上論文基本上都認爲高昌墓塼起源於且渠封戴墓表。此後，白須净真先生又進一步撰文指出，且渠封戴墓表和高昌墓塼之圓首碑形與塼質四方形的區別，源自高昌王族與官僚階層之間巨大的等級差別。[10]也就是説，圓首碑形墓表屬於王族階層使用的墓誌，而塼質的四方形墓塼屬於官僚階層使用的墓誌。如此，且渠封戴墓表與高昌墓塼就具有了同樣的性質。

2.且渠封戴墓表與高昌墓塼關係之再考察

且渠封戴墓表與高昌墓塼到底是一種什么樣的關係？這是本文以下要探討的問題。在此首先針對二者是否有源流關係這一問題，將且渠封戴墓表與麴氏高昌國時期的高昌墓塼進行比較（參考表1）。

表1 且渠封戴墓表與麴氏高昌國時期墓塼[11]之比較

	且渠封戴墓表	麴氏高昌國時期墓塼
共通點	銘文内容： 紀年、官歷、姓名、"墓表"的自稱	銘文内容： 紀年、官歷、姓名、"墓表"的自稱
不同點	A.埋藏位置：墓室内	A.埋藏位置：斜坡墓道靠近地面處
	B.質地：石質	B.質地：以塼質爲主
	C.形制：圓首碑形	C.形制：四方形
	D.書式：不書寫追贈官號	D.書式：書寫追贈官號

從且渠封戴墓表的銘文書式來看，其由紀年、官歷、姓名以及"墓表"的自稱等構成，這些與麴氏高昌國時期的墓塼是一致的。但是在這些共通點之外，還有一些不能忽視的不同點。

根據上表可知，且渠封戴墓表雖然與麴氏高昌墓塼在書式上非常一致，但是在埋藏位置、質地、形制上的差異顯而易見。此外，雖然書式相同，但是，麴氏高昌墓塼普遍書寫追贈官號，且渠封戴墓表却沒有這項內容。[12]

表1中B與C的不同點，根據前文白須先生的解釋，是墓誌主人是否王族的區別所致，也就是説，在高昌王族與豪族之間存在着不同的墓誌制度，王族的墓誌是石質圓首碑形的，而豪族的墓誌是塼質四方形的。如此，吐魯番出土高昌墓塼就被納入河西圓首碑形墓表的墓誌制度當中去了。[13]

但是至今爲止，吐魯番出土的圓首碑形墓表只見且渠封戴墓表一例，而且僅有的這一例也是來自河西地區。所以筆者認爲白須先生以上解説過於牽強。也就是説，且渠封戴墓表這種墓誌樣式，是北凉且渠氏從河西帶入吐魯番的，雖然出土於吐魯番，但是其應歸屬於河西地區的墓誌制度。[14]由此可以認爲，表1所列且渠封戴墓表與麴氏高昌墓塼之間的差異并非身份等級等不同所致，而應該是地域差異所致。另外，至今發現的河西圓首碑形墓表中，有的是王族出身，有的并非王族。[15]從這一點也可以判斷，且渠封戴墓表與麴氏高昌墓塼的差異與身份等級無關[16]。

此外是表1中"A.埋藏位置"問題與"D.追贈官號的有無"問題。

據發掘報告可知，且渠封戴墓表出土時擺放在墓室內。[17]而高昌墓塼都是埋藏在斜坡墓道靠近地面的位置。這個不同之處，筆者認爲也應該是地域差異所致。關於追贈官號的有無問題，由於且渠封戴墓表與麴氏高昌墓塼之間有時代先後的差異，不能通過此不同點來否認它們之間有着某種關係。但是這種差異的存在，也不能支持它們之間具有共同性質或者繼承關係。

通過以上分析，非但不能看到且渠封戴墓表與麴氏高昌墓塼之間具有相同性質或者繼承關係，反而更多看到它們之間存在差異。也就是說，且渠封戴墓表既不是與高昌墓塼具有同樣性質的墓誌，也不是高昌墓塼的起源。

無紀年墓塼的製作年代問題

上文圍繞且渠封戴墓表的性質問題進行了探討，其結論無法支持白須净真及侯燦等先生的且渠封戴墓表爲高昌墓塼之濫觴的觀點。在此，筆者將圍繞高昌墓塼中的無紀年墓塼，對高昌墓塼的發生問題進一步展開討論。

1.有關無紀年墓塼製作年代問題的先行研究

無紀年墓塼分别是：張季宗墓表、張幼達墓表、張興明夫人楊氏墓表。[18]

①張季宗墓表

張季宗墓表是黄文弼先生1930年在吐魯番的哈拉和卓古墓群中發掘出土的。[19]塼質，四方形，高41.2厘米、寬40厘米、厚5.2厘米。其録文如下：

河西王通事舍人
敦煌張季宗之墓
表夫人敦煌宋氏

　　張季宗墓表共有銘文三行，每行七字，共二十一字。內容由被葬者官號“河西王通事舍人”、本籍“敦煌”、被葬者名字“張季宗”、墓塼自稱“墓表”以及夫人本籍“敦煌”、姓氏“宋氏”等組成。

　　有關張季宗墓表的製作年代，白須净真先生（1979[20]）認爲，銘文中的“河西王”應是南朝宋賜封且渠安周[21]的官號[22]，所以張季宗墓表應該是且渠氏高昌國時期（443—460）的墓塼。隨着研究的進展，白須先生（1990）修正了自己的觀點，將張季宗墓表的年代提前到5世紀初期。[23]侯燦先生（1990）的觀點基本上與白須先生前一觀點相同，認爲此墓塼是且渠氏高昌國時期的。[24]

　　針對以上觀點，王素先生（1997）認爲，且渠無諱、且渠安周兄弟流亡高昌，雖先後均從劉宋受“河西王”封號，但據考古資料，似乎從未實際行用。因此，張季宗官通事舍人，應在且渠氏高昌建國之前，亦即且渠蒙遜、且渠牧犍父子的北涼時期。[25]主張張季宗墓表爲北涼高昌郡時期（443年以前）的墓塼。然而王素先生以上觀點，侯燦先生（2001）不予支持，繼續主張張季宗墓表爲且渠氏高昌國時期的墓塼。[26]

　　②張幼達墓表

　　張幼達墓表1969年出土於哈拉和卓古墓群TKM52墓，塼質，朱書，高、寬各36厘米，厚4.5厘米，現存於新疆維吾爾自治區博物館。圖版及錄文如下：

夫　之　常　龍
人　墓　侍　驤
宋　表　敦　將
氏　　　煌　軍
　　　　張　散
　　　　幼　騎
　　　　達

圖2　張幼達墓表

張幼達墓表共四行，二十字。銘文內容分別是被葬者官號"龍驤將軍散騎常侍"、本籍"敦煌"、姓名"張幼達"、墓塼自稱"墓表"以及夫人的姓氏等，與張季宗墓表書式基本相同。

有關張幼達墓表的研究，首推侯燦先生（1984）。他根據同墓出土其他文物判斷此墓塼應屬麴氏高昌國延昌以前。[27]此後，白須淨真先生（1990）推斷此墓塼的時代是5世紀[28]，甚至更早到4世紀的呂氏後涼時代[29]。王素先生（1997）根據"散騎常侍"之官號未見於麴氏高昌國的官制記載，認爲此墓塼應屬北涼高昌郡時期。[30]此後，侯燦先生（2003）又撰文修改自己的觀點，認爲張幼達應該是隨北涼殘餘勢力一起流入高昌的北涼官員，張幼達應該是死於且渠高昌時期，因此此墓塼應該製作於且渠大涼高昌時期。[31]

③張興明夫人楊氏墓表

張興明夫人楊氏墓表1975年出土於哈拉和卓古墓群TKM60墓。本墓表塼質，朱書，高、寬各36.5厘米，厚4厘米，現存於新疆文物考古研究所。圖版及錄文如下：

興明夫人楊氏墓表　　城太守敦煌張　　折衝將軍新

圖3　張興明夫人楊氏墓表

張興明夫人楊氏墓表銘文共三行，十九字。銘文由官號"折衝將軍新城太守"、本籍"敦煌"、身份"張興明夫人"、姓氏"楊氏"以及墓塼自稱"墓表"等内容構成。書式與張季宗墓表及張幼達墓表基本相同。

對於張興明夫人楊氏墓表，侯燦先生（1984）最初也認爲其時代是麴氏高昌國延昌（561—601）以前。[32]針對侯燦先生這一觀點，荒川正晴先生（1986）指出，"新城太守"應該是西涼（400—421）的官號，因而主張張興明夫人楊氏墓表的製作年代是西涼時代。[33]白須净真先生（1990）對荒川先生的觀點表示支持。[34]然而王素先生對於張興明夫人楊氏墓表的判斷與張季宗、張幼達墓表相同，認爲均是北凉高昌郡時代的墓塼。[35]此後，侯燦先生（2003）撰文修正自己的觀點，認爲張興明夫人楊氏墓表同張幼達墓表一樣，屬且渠大凉高昌時期。[36]

2.先行研究的問題之所在

總結以上研究可知，雖然針對以上三方無紀年墓塼的時期，研究者都認爲是麴氏高昌國以前[37]，但在具體時期上有不同看法。現將各研究者的觀點列表如下：

表2　三方無紀年墓塼的年代諸説

	白須净真説	侯燦説	王素説	荒川正晴説
張季宗墓表	北凉—且渠氏高昌時期	且渠氏高昌時期	北凉高昌郡時期	
張幼達墓表	呂氏後凉時期	且渠氏高昌時期	北凉高昌郡時期	
張興明夫人楊氏墓表	李氏西凉時期（從荒川説）	且渠氏高昌時期	北凉高昌郡時期	李氏西凉時期

以上各説中，白須净真和荒川正晴兩位先生的觀點是最趨前的。同時説明，白須净真先生否定了自己將且渠封戴墓表作爲高昌墓塼之濫觴的觀點。然而侯燦先生采取且渠氏高昌時期説，并繼續堅持埋葬墓表的習俗是"由且渠氏王族及其隨從從河西帶到了西域"[38]的觀點，似乎也就繼續堅持了將且渠封戴墓表作爲吐魯番出土高昌墓塼之濫觴的觀點。

關於張幼達墓表與張興明夫人楊氏墓表的時代問題，白須净真與荒川正晴兩位先生的研究可以説是比較具體而且可信的。雖然他們的這些相關研究發表已有十餘年，但至今尚未見到國內學者引用，筆者認爲有必要在這裏作一個簡要介紹。

　　首先，荒川正晴先生認爲，高昌國從來就沒有設立新城郡，但是曾經在吐魯番設立高昌郡的西涼政權却設立過新城郡。[39]所以，這方張興明夫人楊氏墓表中書寫的"新城太守"官號很可能就是西涼的官號。[40]進而白須净真先生指出，張興明夫人楊氏應該是死於張興明任新城太守時，所以這方墓塼應該製作於西涼設立新城郡的5世紀初期。[41]

　　其次，對於張幼達墓表，白須净真先生認爲，沒有紀年的張幼達墓表可以肯定不是麴氏高昌國和唐西州時期，而是5世紀初期至中期的墓塼。從張幼達"龍驤將軍、散騎常侍"的官號來看，均爲三品高官。然而統治過吐魯番的北涼且渠政權的國王（河西王）所得到的内地王朝官號，如南朝的官號在鎮軍大將軍到車騎大將軍（均爲二品）之間，北朝的官號在征西大將軍到車騎將軍（均爲正一品下）之間，加官在侍中至散騎常侍之間。同樣統治過吐魯番的西涼得到的南朝政權册封在鎮西大將軍至征西大將軍（均爲二品）之間，沒有加官。由此看，張幼達的官號與北涼和西涼國王的官品相較幾乎沒有多少差别。作爲一個非王族的官員能得到如此高的官位是難於想象的。但是如果放在曾經自封爲"天王"的吕氏後涼[42]時代就沒有什麼奇怪的了。所以張幼達墓表的製作時代最早可以上溯到4世紀末期。[43]

　　以上荒川正晴與白須净真兩位先生對於張幼達和張興明夫人楊氏墓表製作時代的推斷，雖然沒有十分堅實的證據，但其推理基本可信。

　　然而對於張季宗墓表製作年代的推斷，還存在更多爭議。王素和侯燦兩位先生在討論張季宗墓表時都涉及敦煌張氏遷徙到高昌的時間問題。侯燦先生認爲，張季宗應該是442年隨且渠無諱兄弟帶領家族來到高昌。[44]王素先生也認爲，張季宗應該是在北凉滅亡（439年）後帶領家人避亂高昌。[45]如此，在張季宗從敦煌來到吐魯番的時間問題上，二位觀點一致。在此相同觀點之上，侯燦先生否定了王素先生此墓塼是北凉高昌郡時代的觀點。[46]然而，侯燦先生在進一步的論證中指出："張季宗與張懷寂的祖先一樣，都是來自敦煌，很可能是來自一個家族。"[47]

　　根據張懷寂墓誌可知，張氏的祖先是"南陽白水人"，因"襄避霍難，西宅敦煌，餘裔遷波，奄居蒲渚，遂爲高昌人也"[48]。張懷寂的雙親張雄夫婦墓誌也刻寫有"跗萼散於前庭，波瀾流於右地，因家遂久，避代不歸，故爲高昌人焉"[49]的内容，張懷寂之子張禮臣墓誌更載有"屬苻堅肆虐，梴擾五凉。避難西奔，奄居右壄"[50]的内容。由此可知，敦煌張氏在前凉被苻秦滅亡（376年）時從敦煌避難到了高昌。[51]如此，張季宗被埋葬在高昌就不一定是因爲北凉末期的河西動亂了。

　　對於這個問題，被認爲是後凉時期的張幼達墓表以及西凉時期的張興明夫人楊氏墓表的存在可以作爲有力的證據。不論龍驤將軍張幼達，還是新城太守張興明，他們的任官場所都不是高昌。但是張幼達以及張興明夫人楊氏死後都被埋葬在高昌的哈拉和卓墓地，説明他們都是從高昌到河西地區做官。其實具有高昌本籍的人到河西做官，編纂文獻中也有記載[52]，這并不是什麼難於理解的事情。如此説來，張季宗死於任上，死後歸葬高昌完全有可能，相較因河西動亂而避難高昌的觀點，筆者認爲歸葬高昌的可能性更大。

當然，在不能確認張季宗是否與張懷寂同一家族的情況下，我們也不能否定侯燦先生的避難高昌死葬説。特別是近年吳震先生發現了且渠無諱任用高昌闞氏政權官員的資料[53]，也就是説，張季宗即使是在前涼被滅時逃到高昌，他也有可能在且渠無諱占領高昌後參加且渠氏高昌政權而成爲"河西王通事舍人"。若如此，張季宗墓表也完全有可能是且渠氏高昌國時期製作的了。

綜上所述，張季宗墓表的製作年代既有可能是北涼高昌郡時期，也有可能是且渠氏高昌國時期。在尚未發現更多證據的情況，侯燦與王素兩位先生的觀點都是成立的。[54]

通過上文探討，確認了張幼達墓表、張興明夫人楊氏墓表、張季宗墓表的時代問題。以下，筆者通過書式、書體進一步闡述無紀年墓塼中張幼達墓表、張興明夫人楊氏墓表的製作年代問題。

3.從書式看"無紀年墓塼"的製作年代

（1）書式考察

筆者曾在論述十六國時期河西圓首碑形墓表時，將其書式劃分爲早期的A書式和中晚期的B書式兩種。[55]以梁舒墓表（376年）和吕憲墓表（402年）爲例具體説明。

A書式：涼故中郎中督護，公國中尉，晉昌太守，安定郡烏氏縣梁舒，字叔仁。夫人，故三府録事，掌軍中侯，京兆宋延女，名華，字成子。以建元十二年十一月卅日，葬城西十七里，楊墓東百步，深五丈。[56]

B書式：弘始四年十二月乙未朔廿七日辛酉，秦故遼東太守，略陽吕憲，葬於常安北陵，去城廿里。[57]

　　A書式由國號·官號·本籍、姓名、夫人的出身與姓氏、埋葬年月日、葬地等內容組成。B書式由埋葬年月日、國號·官號·本籍、姓名、葬地等內容組成。A、B書式最明顯的差異是紀年位置不同，此外，A書式中一般記録有關夫人的內容。

　　再看看無紀年墓塼的書式：

張季宗墓表

　　河西王通事舍人，敦煌張季宗之墓表。夫人敦煌宋氏。

張幼達墓表

　　龍驤將軍，散騎常侍，敦煌張幼達之墓表。夫人宋氏。

張興明夫人楊氏墓表

　　折衝將軍，新城太守，敦煌張興明夫人楊氏墓表。

　　以上三方無紀年墓塼書式非常統一，構成形式爲官名（女性則書寫丈夫的官名）、本籍（女性則書寫丈夫的籍貫）、姓名（女性則此處先刻寫丈夫的姓名後再刻寫墓主的姓名）、"之墓表"、夫人的信息等內容。這種書式構成，與河西圓首碑形墓表的A式前半部非常一致。具體來説，如果將梁舒墓表最後的紀年部分刪去，幾乎與無紀年墓塼的書式一樣。這似乎暗示無紀年墓塼年代的古老性。也就是説，無紀年墓塼的年代很可能上溯到前涼時期（301—376）。

（2）追贈官號考察

　　還有一個值得注意的地方，無紀年墓塼中没有追贈官號。三方無紀年墓塼銘文中出現的張季宗、張幼達、張興明，三人官位分别是七品的通事舍人、三品的散騎常侍以及從三品的郡太守。但是三方墓塼中都没有出現追贈官號。這與麴氏高昌國時期的墓塼形成鮮明對照。如果説張季宗没有追贈是因官品較低，那麽三品的張幼達以及從三品的張興明[58]没有追贈官號就難於理解了。[59]

　　此外，吐魯番出土河西圓首碑形墓表以及漢晉時期的碑

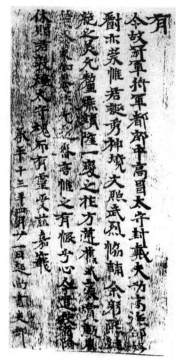

圖4　且渠封戴追贈令

形墓誌銘文當中也未見追贈官號。前文提及且渠封戴墓表出土的同時，也出土了且渠封戴追贈令（圖4），其銘文中明確寫有"今遣使者陰休贈君敦煌太守"的内容。如此，且渠封戴墓表銘文中没有刻寫且渠封戴的追贈官號也是非常明確的了。漢晉及十六國時期的早期墓誌銘文當中不刻寫死者的追贈官號，這應該是中國早期墓誌的時代特徵之一。而三方無紀年墓塼的銘文中没有追贈官號，似乎也説明了其時代的古老。也就是説，三方無紀年墓塼的書式完全可以上溯到五凉時期。

4.從書體看無紀年墓磚的製作年代

由於張季宗墓表至今没有發表圖像資料，本文研究也只能通過張幼達墓表和張興明夫人楊氏墓表來進行。從這兩方無紀年墓磚的書法來看，均屬楷書。這種書體與漢晉及十六國時期的墓誌書體明顯不同。

所謂楷書，是魏晉時期新出現的一種書體。但是其成熟到普及則是隋唐時期的事情。應注意的是，且渠封戴墓表的書體是隸書，而兩方無紀年墓磚的書體却是楷書。如果按照前文討論，張幼達墓表和張興明夫人楊氏墓表的時代可以上溯到西涼乃至後涼，那麼其書體似乎本應該是那個時代墓誌中經常使用的隸書。

有關吐魯番出土墓誌的書法問題，筆者多年前曾撰文進行探討。[60]筆者認爲，磚質的高昌墓磚銘文，有的是朱書寫的，有的是墨書寫的，也有的是刻寫的。而石質的墓誌銘文基本上是刻寫的。不需雕刻的高昌墓磚在書寫時不必考慮雕刻問題，可以自由書寫。因此在高昌墓磚當中可以看到各種各樣的書法風格。由此，也可以通過高昌墓磚書法的多樣性來窺視南北朝時期書體的多樣性及其性格。也就是説，南北朝時期，應該是多種書體共存的時代，根據不同的使用場合變换不同的書體。迄今爲止吐魯番出土文書中，五涼時代的文書[61]以及佛典識語[62]中多使用楷書。這説明吐魯番在且渠封戴墓表時代之前就已經開始使用楷書了。

其實關於書體與時代，且渠封戴墓出土的文字資料也可以説明問題。且渠封戴墓表由於是石刻文字，其使用的也就屬於隸書體的"銘石體"[63]，同時出土的且渠封戴追贈令是不必雕刻的墨書，作爲正式的官方文書，其書體雖然也使用了隸書體，但是從中不難看出楷書體内涵。這種區別即是不同書體在不同場合使用的實例。

張幼達墓表與張興明夫人楊氏墓表都是用毛筆直接書寫而未經過刀刻，它們與石刻文字不同，是更接近楷書體的"書札體"。但是這種書體也不是現代意義上的楷書體，而是摻雜有隸書筆意的具有時代特徵的楷書。這一點與且渠封戴追贈令的性質一樣。

結　語

本文討論了且渠封戴墓表的性質以及三方無紀年墓塼的製作時代問題。結論如下：

第一，且渠封戴墓表雖然與高昌墓塼有着相同的特徵，但是也有着不可忽略的差別。這種差別并非等級差別使然，而是地區葬俗的差別造成的。因此筆者認爲，且渠封戴墓表與高昌墓塼是墓誌文化在不同地域文化背景下的不同表現，而非源與流之關係。

第二，關於張季宗墓表的製作時代，王素與侯燦兩位先生的觀點均可成立，即其做成年代在北涼至且渠氏高昌國時期。

第三，關於張幼達墓表與張興明夫人楊氏墓表的製作年代，針對荒川正晴與白須净真先生的後涼説與西涼説，通過對三方無紀年墓塼與河西圓首碑形墓表書式的比較研究，筆者提出高昌墓塼的起源可以上溯到前涼時代的觀點。

第四，針對三方無紀年墓塼銘文中没有追贈官號的特點，筆者進一步發現漢晉十六國時期的墓誌銘文中也不刻寫追贈官號的現象。同時針對麴氏高昌國時期墓塼普遍書寫追贈官號的特點，認爲三方無紀年墓塼不書寫追贈官號的書式是一種漢晉十六國時期墓誌銘文的特徵。也説明三方無紀年墓塼的時代性。

　　第五，三方無紀年墓塼的書體雖然是楷書體，但這并不能説明其時代比隸書體的且渠封戴墓表晚。原因是，三方無紀年墓塼銘文爲毛筆書寫，這種不必刻寫的書法自然可以寫得隨意自然，所以其書體并没有采用"銘石體"書法，而更接近日常生活中的"書札體"。這種屬於楷書體的"書札體"保存了其時代特徵。

注　釋

[1] 有關吐魯番出土高昌墓塼的數字，請參考拙文《高昌墓塼書式研究——以"紀年"問題爲中心》，《新疆師範大學學報》（哲學社會科學版），2004年第1期，第61頁，注釋4。

[2] 在高昌墓塼中，還有一些只簡單刻寫姓名的墓記塼，本文各時期的數字中不包含這些墓記塼。此外，近年來吐魯番地區又出土十餘方高昌塼，由於尚未正式發表，本文引用的數字不包含這些新出土的墓塼。

[3] 參見新疆文物考古研究所《吐魯番阿斯塔那第十次發掘簡報（1972—1973年）》，《新疆文物》2000年第3、4期合刊，第84—168頁。

[4] 參見〔日〕池田温《新疆維吾尔自治区博物館編『新疆出土文物』》，《東洋学報》第58卷第3—4號，1976年，第381—388頁。

[5] 〔日〕白須净真、萩信雄：《高昌墓塼考釈》（二），《書論》第14號，1978年，第168—192頁。

[6] 侯燦：《大凉且渠封戴墓表考釋》，後收入同氏《高昌樓蘭研究論集》，烏魯木齊：新疆人民出版社，1990年，第99—107頁。

[7] 有關且渠封戴墓表的研究，還有周偉洲（《試論吐魯番阿斯塔那且渠封戴墓出土文物》，《考古與文物》1980年第1期，第99—102頁）、錢伯泉（《試論魏晉南北朝時期的新疆》，載《新疆歷史論文續集》，烏魯木齊：新疆人民出版社，1982年，第32—62頁）、王去非（《"版授"和有關出土物》，《考古與文物》1982年第2期，第103—106頁）、黄烈（《中國古代民族史研究》，北京：人民出版社，1987年，第

322—323頁）、王素（《高昌史稿·統治編》，北京：文物出版社，1998年，第256—257頁）等人的研究。這些論文基本都是針對銘文内容或其他方面的研究，與本研究内容無關。

[8] 前揭〔日〕白須浄真、荻信雄《高昌墓塼考釈》（二），第181頁。

[9] 前揭侯燦《大涼且渠封戴墓表考釋》，第106頁；另見白須浄真於2000年7月15日在箱根的唐代史研究會暑期研討會發表的《トゥルファン諸古墳群出土墓表·墓誌研究とその課題》。

[10] 〔日〕白須浄真：《アスターナ·カラホージャ古墳群の墳墓と墓表·墓誌とその編年（一）：三世紀から八世紀に互る被葬者層の変遷をかねて》，《東洋史苑》第34、35合并號，1990年，第20頁。同氏《トゥルファン古墳群の編年とトゥルファン支配者層の編年—麹氏高昌国の支配者層と西州の在地支配者層》，《東方学》第84輯，1992年，第114頁。

[11] 本文所使用的高昌墓塼資料均引自侯燦、吴美琳《吐魯番出土磚誌集注》（成都：巴蜀書社，2003年），後文不再逐一注明出處。

[12] 且渠封戴墓表出土的同時，TAM177墓中還選出土了追贈且渠封戴敦煌太守木表。但是此墓表中“今遣使者陰休贈君敦煌太守”的“敦煌太守”追贈官號却没有刻寫進且渠封戴表銘文中。關於此問題，後文還將進一步討論。

[13] 筆者認爲，在十六國時期的河西地區存在一種具有地域特徵的墓誌制度，筆者稱其爲“河西圓首碑形墓表”。且渠封戴表雖然出土於新疆吐魯番，但實際上其應該歸屬於河西圓首碑形墓表這一系統。參見筆者2003年提交給日本大阪大學的博士學位申請論文《トゥルファン出土高昌墓磚の源流とその成立》，論文要旨發表於《大阪大学大学院文学研究科紀要》第45卷，2005年，第27—28頁。另參見筆者《十六國時期碑形墓誌源流考》，《文史》2008年第2期。

[14] 由於吐魯番没有石山，榮新江先生判斷吐魯番出土且渠安周碑是從吐魯番以外的地方搬運過來［參見榮新江《〈且渠安周碑〉與高昌大涼政權》，《燕京學報》（第五期），北京：北京大學出版社，1998年，第65—92頁］。如此，筆者推測石質圓首碑形的且渠封戴墓表不僅樣式源自河西，其墓表本體也有可能源於吐魯番以外的地方。另外，近年寧夏固原出土梁阿廣墓表［建元十六年（380）］就是製作於涼州（參見寧夏固原博物館編著《固原歷史文物》，北京：科學出版社，2004年，第113—114頁），也可作爲旁證支持以上判斷。

[15] 參見注釋13。

[16] 此外，至今爲止雖然還没有發現麹氏高昌的王陵，但是學者基本認爲1953年交河溝西墓地出土麹悼墓表就是麹氏高昌王族的一方墓誌。參見孟憲實《麹氏高昌追贈制度初探》，載《敦煌吐魯番研究》（第五卷），2001年，第147—160頁。若如此，高昌墓塼本身就可以證明且渠封戴墓表的形制與墓主的王族身份無關。

[17] 前揭新疆文物考古研究所《吐魯番阿斯塔那第十次發掘簡報（1972—1973年）》，第84—168頁

[18] 高昌墓塼之中，還有一方無紀年的張彦墓塼。但是通過"游擊將軍、伊吾軍副使、西州岸頭府折衝都尉、賞賜魚袋上柱國張彦之墓"銘文判斷，這方墓塼屬於唐西州時期。參見前揭侯燦、吳美琳《吐魯番出土磚誌集注》（下冊），第659—660頁。

[19] 關於此墓塼的出土地，發掘者黃文弼先生的紀録裏分別有三個不同的地點，即阿斯塔那、哈拉和卓以及吐峪溝路北古墳院。"吐峪溝路北古墳院"記載於黃文弼日記（《黃文弼蒙新考察日記》，北京：文物出版社，1990年），故采用此説。

[20] 論文發表年代，以下同。

[21]《宋書》卷五《文帝紀》，北京：中華書局，1974年，第71—107頁；同書卷九八《氐胡》，"大且渠蒙遜"條，第2412—2422頁。

[22]〔日〕白須净真：《高昌門閥社会の研究—張氏を通じてみたその構造の一端》，《史學雜誌》第88卷第1號，1979年，第43、183頁。

[23] 前揭〔日〕白須净真《アスターナ・カラホージャ古墳群の墳墓と墓表・墓誌とその編年（一）》，第19頁。

[24] 前揭侯燦《大凉且渠封戴墓表考釋》，第100頁；前揭侯燦、吳美琳《吐魯番出土磚誌集注》（上冊），第7—8頁。

[25] 王素：《吐魯番出土高昌文獻編年》，臺北：新文豐出版公司，1997年，第128頁；前揭同氏《高昌史稿·統治編》，第256—257頁。

[26] 侯燦：《吐魯番出土"張季宗及夫人宋氏墓表"考釋》，《吐魯番學研究》2002年第2期，第9—12頁。

[27] 侯燦：《麴氏高昌王國官制研究》，後收入同氏《高昌樓蘭研究論集》，烏魯木齊：新疆人民出版社，1990年，第25頁；又見同氏《解放後新出土吐魯番墓誌録》，載《敦煌吐魯番文獻研究論集》（第五輯），北京：北京大學出版社，1990年，第588頁。

[28] 前揭〔日〕白須净真《アスターナ・カラホージャ古墳群の墳墓と墓表・墓誌とその編年（一）》，第18—20頁；又前揭同氏《トゥルファン古墳群の編年とトゥルファン支配者層の編年》，第113—114頁。

[29] 前揭〔日〕白須净真《アスターナ・カラホージャ古墳群の墳墓と墓表・墓誌とその編年（一）》，第19—20頁。

[30] 前揭王素《吐魯番出土高昌文獻編年》，第129頁。

[31] 前揭侯燦、吳美琳《吐魯番出土磚誌集注》（上冊），第11頁。

[32] 參見前揭侯燦《麴氏高昌國官制研究》，第25頁；前揭同氏《解放後新出土吐魯番墓誌録》，第588頁。

[33]〔日〕荒川正晴：《麴氏高昌国における郡県制の性格をめぐって—主としてトゥルファン出土資料による》，《史学雜誌》第95編，第3號，1986年，第56、72頁。

[34] 前揭〔日〕白須净真《アスターナ・カラホージャ古墳群の墳墓と墓表・墓誌とその編年（一）》，第18—19頁。

[35] 前揭王素《吐魯番出土高昌文獻編年》，第129頁。

[36] 前揭侯燦、吳美琳《吐魯番出土磚誌集注》(上册），第14頁。

[37] 另外，2000年出版的《新疆文物》第3、4期合刊中，仍然將張幼達、張興明夫人楊氏墓表的年代歸屬於麴氏高昌國年間，但是并没有羅列其根據。參考同刊《吐魯番阿斯塔那古墓群出土墓誌登記表》，第250頁。

[38] 侯燦：《吐魯番出土墓塼及其研究綜述》，《吐魯番學研究》2001年第1期，第133頁。

[39] 《晉書》卷八七《涼武昭王李玄盛》："(李）士業諸弟酒泉太守翻、新城太守預、領羽林右監密、左將軍眺、右將軍亮等西奔敦煌，蒙遜遂入于酒泉。"(北京：中華書局，1976年，第2270頁)；(清）洪亮吉撰《十六國疆域志》卷八《西涼》："新城郡，《晉書》載記：歆弟新城太守豫。案郡蓋李氏所置。"(《二十五史補編・十六國疆域志》，上海：開明書店，1936年，第93頁。)

[40] 前揭〔日〕荒川正晴《麴氏高昌国における郡県制の性格をめぐって》，第56頁。

[41] 前揭〔日〕白須净真《アスターナ・カラホージャ古墳群の墳墓と墓表・墓誌とその編年（一）》，第18—19頁。

[42] 後涼吕光於公元396年自稱"天王"。另外，後涼政權官員中有侍中、散騎常侍等高級别的官員。參見《晉書》卷一二二《吕光》，第3053—3064頁；《後涼百官表》，《二十五史補編》，第三册，北京：中華書局，2013年，第4065—4067頁。

[43] 前揭〔日〕白須净真《アスターナ・カラホージャ古墳群の墳墓と墓表・墓誌とその編年（一）》，第19—20頁。

[44] 前揭侯燦《吐魯番出土"張季宗及夫人宋氏墓表"考釋》，第10—11頁。

[45] 前揭王素《高昌史稿・統治編》，第256—257頁。

[46] 前揭侯燦《吐魯番出土"張季宗及夫人宋氏墓表"考釋》，第10—11頁。

[47] 前揭侯燦《吐魯番出土"張季宗及夫人宋氏墓表"考釋》，第10頁。

[48] 前揭侯燦、吳美琳《吐魯番出土磚誌集注》(下册），第595—601頁。

[49] 前揭侯燦、吳美琳《吐魯番出土磚誌集注》(下册），第585—591頁。

[50] 前揭侯燦、吳美琳《吐魯番出土磚誌集注》(下册），第610—614頁。

[51] 關於敦煌張氏遷徙高昌的時期問題，參見陳國燦《跋〈武周張懷寂墓誌〉》，《文物》1981年第1期，第47—50頁。

[52] 比如前涼張寔時期的賊曹佐隗瑾。參見前揭《晉書》卷八六《張軌》，第2227頁；《十六國春秋》卷七一《前涼録二》，济南：齊魯書社，1996年，第489頁；《資治通鑑》卷八九《晉紀》，"愍帝建興四年"條，北京：中華書局，1976年，第2831頁。

[53] 吳震：《俄藏"挦王入高昌城事"文書所係史事考》，《吐魯番學研究》2001年第2期，第1—8頁。

[54] 這個結論實際上與白須净真先生的觀點一致，但是白須先生的觀點在前，王素、侯燦兩位先生的爭論在後，且白須先生此後也没有針對王素、侯燦兩位先生的爭論發表過具體意見。

[55] 參見注釋13。

[56] 參考鐘長發、寧篤學《武威金沙公社出土前秦建元十二年墓表》，《文物》1981年第2期，第8頁；宿白《武威行——河西訪古叢考之一（上）》，《文物天地》1992年第1期，第6頁。

[57] 吕憲墓表的圖版與録文請參考《台東区立書道博物館図録》（東京：二玄社，2000年），第54、74頁。

[58] 當然，張興明夫人死葬時，張興明的生死狀態不明，如果尚未死亡，没有追贈官號也是合理的。

[59] 有關中國古代的追贈制度，至今尚未發現相關文獻記載。相關研究，參見〔日〕窪添慶文《關於北魏的贈官》，《文史哲》1993年3期，第81—83頁及第74頁；孟憲實《麴氏高昌追贈制度初探》，載《敦煌吐魯番研究》（第五卷），第147—160頁。

[60] 參見拙文《高昌塼書法淺析》，《書法》1991年第6期。另見拙著《高昌磚書法》，桂林：廣西師範大學出版社，1993年。

[61] 五涼時代的楷書還保留有許多隸書的特徵，這正是隸楷轉換期所表現出的特徵。參見《吐魯番出土文書》（圖録本，第壹至肆册，北京：文物出版社，1992—1996年）所載相關年代出土文書圖版。

[62] 參見〔日〕池田温《中国古代写本識語集録》（東京大學東洋文化研究所，1990年）相關圖版。

[63] 參見〔日〕西林昭一《中国新発見の書》，東京：柳原書店，2002年，第158頁。

中央民族大學藏吐魯番出土文書初探[*]

2010年，中央民族大學新徵集到十三件吐魯番出土唐代文書（以下簡稱"民大文書"），其中多數形態完整且文字內容豐富，有着極高的歷史研究價值。十三件文書相關信息如下：

表1　民大文書信息

序號	名稱	尺寸（單位：厘米）	狀態描述
1	開元十五年爲十馱馬生死虛實事	27.5×38	殘破，單面書寫，共十一行，行三至十一字，共殘存近八十字。
2	開元十七年八月一日殘文書	40×30	殘破，單面書寫，共存七行，行一至十三字，共殘存近四十字。
3	開元十七年張遠客負錢文書	28.7×20	殘破，兩面連續書寫，正面五行，行十一至十二字，共五十六字。背面六行，行二至八字，共二十九字。兩面共八十五字。
4	開元十八年五月老人左阿鼠等牒爲修城事	29×42.8	保存基本完整。單面書寫，共十六行，行二至十八字，共存一百三十八字。

* 本文與凌妙丹女士合撰，原載《中央民族大學學報》（哲學社會科學版），2013年第6期。

序號	名稱	尺寸（單位：厘米）	狀態描述
5	開元十八年七月天山府衛士任小師辭	29.2 × 43	殘破，單面書寫，共十三行，行三至十八字，共一百七十一字。
6	開元十八年八月城主索順言牒	28.5 × 16.5	前殘，單面書寫，共五行，行三至十四字，共殘存三十三字。
7	開元十七年八月一日唐交河縣史宗□帖	29.7 × 22.19	殘破，單面書寫，共七行，行三至二十字，共約七十七字。
8a	配役文書（圖1）	2.4 × 61	此文書爲《開元十八年城主索順言牒爲失火相爭事》正面。共十九行，行六至十九字，共三百零四字。
8b	開元十八年城主索順言牒爲失火相爭事（圖2）	2.4 × 61	保存基本完整。從文書右側至接縫處43.5厘米（第十七、十八行間），接縫背面無簽名及蓋印。共二十四行，行二至二十一字，共二百二十四字。正面爲《配役文書》。
9	第四團下鹽城納行官仗身錢曆	28.5 × 43	保存基本完整。兩面連續書寫，無接縫痕迹。正面共十一行，行三至二十三字，共一百九十七字。背面內容與正面相接，共十行，行八至二十一字，共一百五十四字。兩面共三百五十一字。
10	十一月十五日交河縣帖鹽城爲入鄉巡貌事	28.5 × 67.5	此文書保存基本完整。文書右側至41厘米（第十八、十九行間）處有接縫。頁面有五處有蓋印痕迹，內容有"岸頭府之印"等字。背面接縫處有簽名及蓋印一處，均不可識。共二十五行，行三至二十一字，共三百八十字。
11	交河縣殘文書	17.5 × 6	殘破，單面書寫，存兩行，共近十字。
12	殘文書	22.5 × 13.5	殘破，第二、三行間有朱印痕，不可識。共存五行，行六至十六字不等，共存近五十字。
13	殘文書	20 × 8	殘破，共存四行，二十餘字。

吐魯番地區魏晉南北朝隋唐時期墓葬出土的文書，大多并非有意埋藏，而是被加工爲葬具（所謂"二次使用"），無意間得以存留。但民大文書基本上没有二次使用的痕迹，其中多件保存完整，雖有破損，也非人爲。説明這批文書是有意埋藏保留，其整體所包含的信息值得深入探討。根據民大文書的内容、形態、紙質等諸多因素判斷，這批文書基本可以確定是吐魯番地區出土，但具體出土時間和地點不詳。筆者初步判斷，民大文書相互間緊密關聯，有可能出於鹽城的古墓群，甚至出於同一個墓葬。

下文將從文書之整體性和出土地兩方面對民大文書進行初步探討。

關於民大文書的整體性研究

民大文書中一共出現了三個地名（參見表2），分別是鹽城、交河縣和天山府。其中，鹽城分别在4號《開元十八年五月老人左阿鼠等牒爲修城事》、7號《開元十七年八月一日唐交河縣史宗□帖》、8號《開元十八年城主索順言牒爲失火相爭事》、9號《第四團下鹽城納行官仗身錢曆》、10號《十一月十五日交河縣帖鹽城爲入鄉巡貌事》中出現。

表2　民大文書所見地名統計

地名	文書編號														次數
	1	2	3	4	5	6	7	8a	8b	9	10	11	12	13	
鹽城				●			●	●		●	●				5
交河縣							●				●	●			3
天山府		●			●					●					3

　　出現 "鹽城" 地名的文書中，4號文書第一行爲 "鹽城" 二字，當是發信者，文書簽署者爲老人左阿鼠等四人，文書最後爲上級部門（交河縣）的批復。由此可知，此文書製作於鹽城。7號文書第一行爲 "交河縣帖鹽城" 六字，文書尾部有交河縣主簿的簽署。可知此文書爲交河縣發給鹽城的帖。8號文書第一行爲 "鹽城" 二字，簽署者爲鹽城城主索順言及十位老人的連署，最後有上級部門（交河縣）的批示。9號文書第一行的 "第四團" 爲發文機構，第二行的 "鹽城" 爲文書接收機構。10號文書第一行爲 "交河縣帖鹽城" 六字，説明此文書爲交河縣製作後下發給鹽城。

　　鹽城，作爲吐魯番地區的地名，主要見於20世紀中期吐魯番阿斯塔那—哈拉和卓古墓群出土的文書及高昌故城出土的《高昌主客長史陰尚宿造寺碑》銘文中（見表3）。這些文書大多屬麴氏高昌國時期，其中最早的一件爲章和十一年（541），此件文書明確記載有 "柳婆、无半、鹽城、始昌四縣" 的内容，因此可以推斷鹽城屬於麴氏高昌國的一個縣。[1]唐滅高昌後，置西州，高昌國所有郡縣均降一級爲縣鄉。鹽城作爲高昌國的一個縣，自然成爲西州鄉一級的行政單位。[2]但作爲鄉名，至今所見編纂文獻和出土文獻中，僅於大谷文書中出現過一次（參見表3），[3]民大文書中"鹽城"地名的出現，豐富了唐西州鄉一級地名研究資料。

表3　鹽城地名文獻出處[4]

序號	文書名稱	年代	文物編號	出處
1	高昌章和十一年（541）都官下柳婆、无半、鹽城、始昌四縣司馬主者符爲檢校失奴事	章和十一年（541）	75TKM89：1—2	《出土文書壹》128
2	高昌付官、將、兵人糧食帳（二）	延昌廿年（580）八月一日至十月初	73TAM520：6/1—2（a）	《出土文書壹》315
3	高昌高寧等城丁輸木薪額文書	延和三年（604）四月廿四日前後	66TAM48：24	《出土文書壹》347
4	高昌臨川等城丁輸額文書	延和三年（604）四月廿四日前後	66TAM48：44，52	《出土文書壹》348
5	高昌安樂等城負臧錢人入錢帳	延和九年（610）前後	72TAM151：96（a）	《出土文書貳》87
6	高昌洿林等行馬入亭馬人名籍	重光元年（620）二月廿二日前	72TAM151：54	《出土文書貳》105
7	高昌主客長史陰尚宿造寺碑	重光二年（621）前後		
8	高昌某人負人麥、豆、疊花帳	延壽十年（633）前	Ast.I.2.015	《斯坦因文書研究》156
9	高昌張明憙入延壽十四年（637）三月鹽城劑物條記	延壽十四年（637）	73TAM507：012/18	《出土文書貳》267

序號	文書名稱	年代	文物編號	出處
10	高昌張明憙入延壽十五年（638）三月鹽城劑丁正錢條記	延壽十五年（638）三月	73TAM507：012/14	《出土文書貳》268
11	高昌張明憙入延壽十六年（639）三月鹽城劑丁錢條記	延壽十六年（639）三月	73TAM507：012/15	《出土文書貳》268
12	西州岸頭府所納符帖目	開元十九年（731）辛未正月	3477、3472、3475三件拼合	《大谷》229

　　出現"交河縣"的文書，分別是7號《開元十七年八月一日唐交河縣史宗□帖》、10號《十一月十五日交河縣帖鹽城爲入鄉巡貌事》、11號《交河縣殘文書》。7號和10號文書是交河縣至鹽城的下行文書，11號文書僅能識首行"交河縣"三字，當也是交河縣製作的下行文書，三者當均製作於交河縣。

　　唐於高昌故地置西州，下轄高昌、交河、柳中、天山、蒲昌五縣，建立起一套完整的行政體系。[5]其中的交河縣，是唐滅高昌後由交河郡降一級而設置。由於交河故城周邊的自然環境等原因，相對於乾燥的高昌故城等遺址及墓地，至今爲止交河故城及其周邊墓地出土的紙質文書非常稀少，[6]其他地區出土、明確表明在交河製作的文書也并不多見。[7]而民大文書不僅本身可能就出土於臨近交河的鹽城（也木什）古墓群（見下文分析），且其中出現了三件交河縣製作的下行文書，實屬難得。

出現"天山府"的文書分別是2號《開元十七年八月一日殘文書》、5號《開元十八年七月天山府衛士任小師辭》和9號《第四團下鹽城納行官身仗錢曆》。其中的9號文書只有"天山"而未見"府"字。

唐在高昌建立行政體系的同時,也在西州推行府兵制,建立了前庭、岸頭(亦見有"交河府"的稱謂)、天山、蒲昌四個折衝府。天山府在天山縣境。[8]

出現"天山府"名稱的2號和5號文書,除了製作年代與這批文書同屬一個年代,在人名、地名方面沒有找到共同點。但是從文書的性質來看,2、5號文書與9號《第四團下鹽城納行官仗身錢曆》文書都是與折衝府有關的文書。那麼,從9號文書爲第四團下行鹽城文書,且其中出現七個重複人名(參見下文)判斷,此文書必定是軍府文書,且與鹽城有關。由此可以推斷,這三件出現"天山府"内容的文書必定與鹽城有關,進而或可認爲天山府與鹽城存在某種隸屬關係。

鹽城在行政上隸屬交河縣,而且交河縣同時存在着岸頭府,但是鹽城的這批文書中出現的"天山府"該當何解?這需另文探討。

總體來看,不管民大文書中出現的是"鹽城",還是"交河縣"或"天山府",它們最終都與"鹽城"有關聯,"鹽城"當是這批文書的歸屬地。

從民大文書中涉及的人名來說,有些人名不止出現在單件文書中,而是在數件文書中都有記載(見表4):

表4　民大文書重複人名

序號	人名（身份）	文書編號														次數
		1	2	3	4	5	6	7	8a	8b	9	10	11	12	13	
1	蔡黑奴										▲	▲			▲	3
2	房義融									▲		▲				2
3	馮行義（老人）									▲	▲					2
4	郭奴奴			▲						▲						2
5	大賈行立									▲	▲					3[9]
6	小賈行立			▲					▲	▲	▲					5[10]
7	焦阿真									▲		▲				2
8	獠羊皮									▲	▲					2
9	劉德威（老人）				▲					▲						2
10	索順言（城主）						▲		▲			▲				3
11	索伏奴（老人）				▲					▲						2
12	索思達									▲		▲				2
13	唐君方									▲	▲					2
14	楊定德（老人）				▲				▲	▲						3
15	左阿鼠（老人）				▲				▲	▲						3
16	左君定									▲	▲					2
17	左令賓			▲				▲								2
18	左義真									▲					▲	2

注：如果正反面分別是不同内容的文書，表格中則用“a”和“b”標出。如果文書中出現相關人名，表中以“▲”標出。

表4所列是民大文書中重複出現的人名。由此表可知，8b配役文書（參見圖6）是這批文書中涉及人名最多的一件。在此表中可以看到，重複出現的十八人中，有十五人在配役文書中都有出現，而這十五人又不同次數地出現在3、4、9、10、13號文書中。另外，8a中出現的索順言雖然沒有出現在8b中，但8a和8b是正反面的關係，而且小賈行立、楊定德、左阿鼠也分別出現在8a和8b中。8a中出現的索順言與8b中出現的人名自然有着某種關聯，而8a中的索順言又分別出現在6、10號文書中，那麼6、10號文書與8b號文書就有了某種關聯。蔡黑奴分別出現在9、10和13號文書中，而沒有出現在8a、8b號文書中，但由於馮行義、大賈行立、小賈行立、獠羊皮、唐君方、左君定分別出現在8b和9號文書中，房義融、焦阿真、索思達三人分別出現在8b和10號文書中，左義真出現在8b和13號文書中，所以9、10、13號文書與8b號文書的關聯自不待言。而均出現了蔡黑奴的9、10和13號文書的關聯性也不必多言。還有，左令賓分別出現在3、7號文書。3號文書與8b號的關聯前文已經指出，那麼7號文書自然也與8b號文書相關聯。如此看來，3、4、6、7、8a、8b、9、10、13號文書是有某種關聯的一組文書。

表4出現的十八人中，除了索順言是城主，左令賓疑爲里正，其餘十六人，都是征役、征仗身錢物件或貌閱對象。這一群人緊密相關，應同爲鹽城人。同時，根據筆者對這批文書中所出現的二百餘人名的初步檢索，尚無一人出現在此前高昌故城和交河故城等所屬古墓群出土的文書和墓誌中[11]，這也説明民大文書中所記錄的人群與高昌故城或交河故城等沒有直接關聯。如此，將此人群定位在鹽城，也就可以理解了。

從民大文書的年代而言，1至8號文書集中在開元十五年（727）至開元十八年（730）間，書寫於相近的年代。從上文得知，3、4、6、7、8a、8b、9、10、13是互相關聯的一組文書，在此進一步推測1—8號文書從年代上看也存在着某種關聯，那麼1—10及13號文書也就有了關聯。而11、12號文書本身殘破，未能完全提取其中信息，或可推測這兩件文書也是這組文書中的一部分。

　　以上，從民大文書涉及的地名、人名、年代、內容四方面分析判斷，筆者認爲，這批文書是一組相互關聯的文書，文書的使用地點在鹽城，時代爲開元十五年至十八年前後，人物主要爲鹽城百姓。這樣一批相互關聯成一體的文書，應當出自古鹽城的墓群，且很可能出土於同一個墓葬，屬於同一個墓主。

關於民大文書出土地的初步考察

　　通過上文分析判斷，爲更好地了解這批文書的相關出土情況，確認其出土地點，2012年10月18—24日，由筆者爲首的一行四人組成考察隊赴吐魯番地區進行了實地考察。

　　吐魯番地區的古墓群數量衆多，如吐魯番市所屬的阿斯塔那古墓群、艾丁湖古墓群、交河故城溝西古墓群、勝金店古墓群、巴達木古墓群、木納爾古墓群、也木什古墓群，鄯善縣的蘇巴什古墓葬、洋海古墓群、蘇貝希墓群、三個橋古墓和托克遜縣的喀格恰克古墓群、英亞依拉克古墓群、阿拉溝古墓、博斯坦鄉古墓。[12]在這些古墓群中，除也木什古墓群外，其餘都已進行過規模不等的清理和發掘。我們根據前文對民大文書的綜合判斷，將考察重點定位在鹽城附近的古墓群。

關於鹽城的地理位置，學界早有定論。[13]今吐魯番市區以西約十公里的交河故城之南，有一東北—西南走向山丘，名曰雅木什塔格。雅木什塔格意爲鹽山，其南有破城遺址，當即古鹽城縣治。《西域圖志》對雅木什的位置記載道："雅木什，在招哈和屯西南十五里，東距辟展城三百六十八里，城周里許。東倚金嶺，西北望都魯達巴。招哈郭勒之水，自金嶺西出，折而東南流，至雅木什南。"[14]破城遺址東北有一古墓群，因其東鄰也木什村，故稱也木什古墓群。也木什亦稱雅木什，維吾爾語意爲出鹽的地方。[15]也木什古墓群即爲鹽城古墓群，當無誤。

如今，也木什古墓群被一條由吐魯番市通向艾丁湖的東北—西南向縣級公路劃分爲東、西兩片墓區。公路以東墓區現已被農田、公路所破壞。公路以西墓區面積較大，保存也相對完好。在《新疆維吾爾自治區第三次全國文物普查成果集成·吐魯番地區卷》一書中關於也木什墓群的介紹爲"共計300餘座，分布在22座塋院內外，面積0.4平方千米"[16]。而這組資料中墓葬數的統計，大概只針對地表可見墳堆的墓葬。根據我們的實地觀察，該片墓區可能存在地表不見墳堆的墓葬，如果將這些墓葬包含在內，恐實際數字要在"300餘座"之上。也木什古墓群西區的墓葬墳堆多以圓形礫石堆積而成，殘高約爲1米，分布在大小不一的數十座塋院內外，地表可見由礫石圍出的塋院，塋院平面基本呈"凸"字形，塋院門道大多朝東或者朝南。

通過實地調查發現，公路以西墓區的墓葬有三十餘座有被盜痕迹。據陪同我們考察的吐魯番學研究院張永兵先生推測，其中二十餘座屬於早期被盜，具體時間不明。第二次盜掘發現於2010年春天，當時吐魯番地區文物局發現有九座墓葬被盜，盜掘現場遺留有煙頭、酒瓶、鐵鍬、钁頭和整箱未使用的礦泉水等物品，還有用火痕迹，可能是盜墓時天寒用於取暖，因此推斷盜掘時間可能爲2009年冬天。後吐魯番市文物局的工作人員對被盜墓葬進行了清理，并將所有的盜洞回填。我們收購這批文書時，保存下來的原包裹文書用的維吾爾文報紙日期爲2010年1月22日，這一日期進一步支持了吐魯番文物局的判斷。

近些年在吐魯番地區發現的盜墓情況與過去有所不同，盜掘者大都能够準確判斷墓道位置，并在相應的位置挖掘，盜掘物品不加選擇，幾乎將墓室洗劫一空。據張永兵先生介紹，近些年盜墓者開始注重墓誌和文書的價值，因此被盜的墓葬中很少會有墓誌和文書留存。從這次也木什古墓群被盜所遺留的痕迹來看，除了一些破碎的土坯塼塊，没有見到墓誌或其他墓葬遺留。這和筆者十年前在和田山普拉墓地所見墓葬被盜後墓葬地表丢棄滿地破碎織片的現象形成了鮮明對比。

結　語

若鹽城古墓群被盜時間確在2009年冬天，而中央民族大學是在2010年徵集到這批文書，參考上文所分析的文書相關資料，如頻繁出現的“鹽城”地名，筆者推斷民大文書應是出土於此鹽城（也木什）古墓群，很可能就出土於九座被盜墓葬中的某一座。根據張永兵先生的介紹，這裏還没有進行過任何正規的考古發掘。這組文書的發現，應當引起文物管理部門對這一地區古代墓葬的高度重視。

如上所述，民大文書是一組關聯性很强的文書，而且與此前出土吐魯番文書没有直接關聯，或可説是鹽城所屬古墓群（也木什古墓群）出土的第一批文書。這不但對進一步研究吐魯番的歷史意義重大，而且進一步拓展了吐魯番考古工作的視野。

注　釋

[1] 關於高昌國郡縣，前人已多有研究。具體參見王素《麴氏王國末期三府五郡二十二縣考》(《西域研究》1999年第3期) 一文的研究綜述及論證；又見王素《高昌史稿·交通編》，北京：文物出版社，2000年。

[2] 王素先生認爲，"高昌國的縣僅相當唐西州的鄉甚至里"。(參見同氏《高昌史稿·交通編》，第33頁) 從交河縣下行鹽城10號文書《十一月十五日交河縣帖鹽城爲入鄉巡貌事》中出現的"入鄉巡貌"來看，鹽城當爲交河縣下鄉一級的行政單位。

[3] 至今所見關於唐西州鄉里研究中，尚未見到鹽城的相關内容。雖然在大谷文書《西州岸頭府所納符帖目》(參見表3：12) 中有"鹽城"的記載，但這條資料似乎未引起研究者注意。參考張廣達《西域史地叢稿初編》，上海：上海古籍出版社，1995年，後收入同氏《文書、典籍與西域史地》，桂林：廣西師範大學出版社，2008年，第114—152頁；李方、王素編《吐魯番出土文書人名地名索引》，北京：文物出版社，1996年，第483頁；劉再聰《從吐魯番文書看唐代西州縣以下行政建制》，《西域研究》2006年第3期，第41—49頁。

[4] 説明：此表中的2、3、4、5、6、7、8、9號文書或造寺碑，定年依據王素《吐魯番出土高昌文獻編年》(臺北：新文豐出版公司，1997年)。1、2、3、4、5、6、9、10、11號文書見於《吐魯番出土文書》(圖録本，第壹至肆册，北京：文物出版社，1992—1996年)，表格中簡稱"出土文書"。8號見於陳國燦《斯坦因所獲吐魯番文書研究》(武漢：武漢大學出版社，1995年)，表格中簡稱"斯坦因文書研究"。12號見於小田義久主編《大谷文書集成 (貳)》(京都：法藏館，1990年)，池田温定名爲"西州岸頭府到來符帖目"，本表定年定名依據陳國燦《吐魯番出土唐代文獻編年》(臺北：新文豐出版公司，2003年)。7號造寺碑，見〔日〕池田温《高昌三碑略考》，載《三上次男博士喜壽記念論文集·歷史編》，東京：平凡社，1985年，第115—117頁；又見侯燦《跋〈高昌主客長史陰尚□造寺碑〉》，《新疆師範大學學報》(哲學社會科學版)，1990年第1期，後收入同氏《高昌樓蘭研究論集》，烏魯木齊：

新疆人民出版社,1990年，第93—98頁。王素《吐魯番出土高昌文獻編年》中將"陰尚□"定爲"陰尚宿"。

[5] 參考朱雷《唐開元二年西州府兵——"西州營"赴隴西禦吐蕃始末》,《敦煌學輯刊》1985年第2期，後收入同氏《朱雷敦煌吐魯番文書論叢》,上海：上海古籍出版社，2012年，第269—285頁；前揭張廣達《西域史地叢稿初編》,後收入同氏《文書、典籍與西域史地》,第114—152頁。

[6] 目前交河出土文書見於《吐魯番出土文書》(圖錄本，第肆册，第597—600頁),十件文書及殘片；另一件爲《唐寫本〈孝經〉殘卷一》,見於柳洪亮《新出吐魯番文書及其研究》,烏魯木齊：新疆人民出版社，1997年，第118—120頁。榮新江、李肖、孟憲實主編《新獲吐魯番出土文獻》(下册，北京：中華書局，2008年，第231—257頁)中收錄有一批交河故城大佛寺遺址出土高昌國至唐西州時期的漢文、回鶻文、婆羅謎文佛經殘片。

[7] 交河一地相關發掘報告參見：新疆首届考古專業人員訓練班《交河故城、寺院及雅爾湖古墓發掘簡報》,《新疆文物》1989年第4期，後收入《新疆文物考古新收穫（1979—1989）》,烏魯木齊：新疆人民出版社，1995年，第496—505頁；新疆文物考古研究所《1994年吐魯番交河故城溝西墓地發掘簡報》《1995年吐魯番交河故城溝西墓地發掘簡報》,《新疆文物》1996年第4期；新疆文物考古研究所《1996年新疆吐魯番交河故城溝西墓地漢晉墓葬發掘簡報》《新疆吐魯番交溝故城溝西墓地麴氏高昌——唐西州時期墓葬1996年發掘簡報》,《考古》1997年第9期；聯合國教科文組織駐中國代表處等編著《交河故城：1993、1994年度考古發掘報告》,北京：東方出版社，1998年；新疆文物考古研究所編著《交河溝西：1994—1996年度考古發掘報告》,烏魯木齊：新疆人民出版社，2001年；吐魯番地區文物局《新疆吐魯番地區交河故城溝西墓地康氏家族墓》,《考古》2006年第12期。

[8] 前揭朱雷《唐開元二年西州府兵——"西州營"赴隴西禦吐蕃始末》,第269—285頁；前揭張廣達《西域史地叢稿初編》,第114—152頁；唐長孺主編《敦煌吐魯番文書初探二編》,武漢：武漢大學出版社，1990年，後收入同氏《山居存稿三編》,北京：中華書局，2011年。

[9] 在9號文書正反面出現兩次。

[10] 在9號文書正反面出現兩次。

[11] 比較民大文書與其他吐魯番出土文書、墓誌中的人名，發現有六人名字相同，分別是陳思忠［唐通當隊兵死亡、抽調、見在牒（一）(67TAM83：13)］、樊行達［西州高昌縣户主別田籍文書(《大谷》2357)］、郭奴奴［西州高昌縣退田文書(《大谷》2863)］、張長壽［武周聖曆元年（698）四角官芻所役夫名籍（64TAM35：40［b］)］、張黑奴［高昌逋人史延明等名籍（72TAM151：52)］、左君定［唐高宗某年西州高昌縣左君定等征鎮及諸色人等名籍（73TAM501：109/6［a］)］。但這些

文書中，陳思忠的“陳”字圖版不清，張黑奴屬高昌國時期人，張長壽文書所屬年代與民大文書相差三十年，樊行達、郭奴奴、左君定爲高昌縣人，他們與民大文書雖人名相同，但基本可以認爲非同一人。

[12] 與這些墓葬相關的發掘報告數目衆多，在此省略。

[13] 前揭王素《高昌史稿·交通編》，第78—79頁。

[14] 鐘興麟、王豪、韓慧：《西域圖志校注》，烏魯木齊：新疆人民出版社，2002年，第238頁。

[15] 據中央民族大學語言學教授阿力肯告知，“也木什”和“雅木什”爲維吾爾語中“鹽城”的不同漢文音譯。另外，“雅木什，又稱亞木什，今作也木什（Yemshi、Yamshi、Yakhshi）”，參見前揭王素《高昌史稿·交通編》，第79頁。

[16] 新疆維吾爾自治區文物局編《新疆維吾爾自治區第三次全國文物普查成果集成·吐魯番地區卷》，北京：科學出版社，2011年，第128頁。

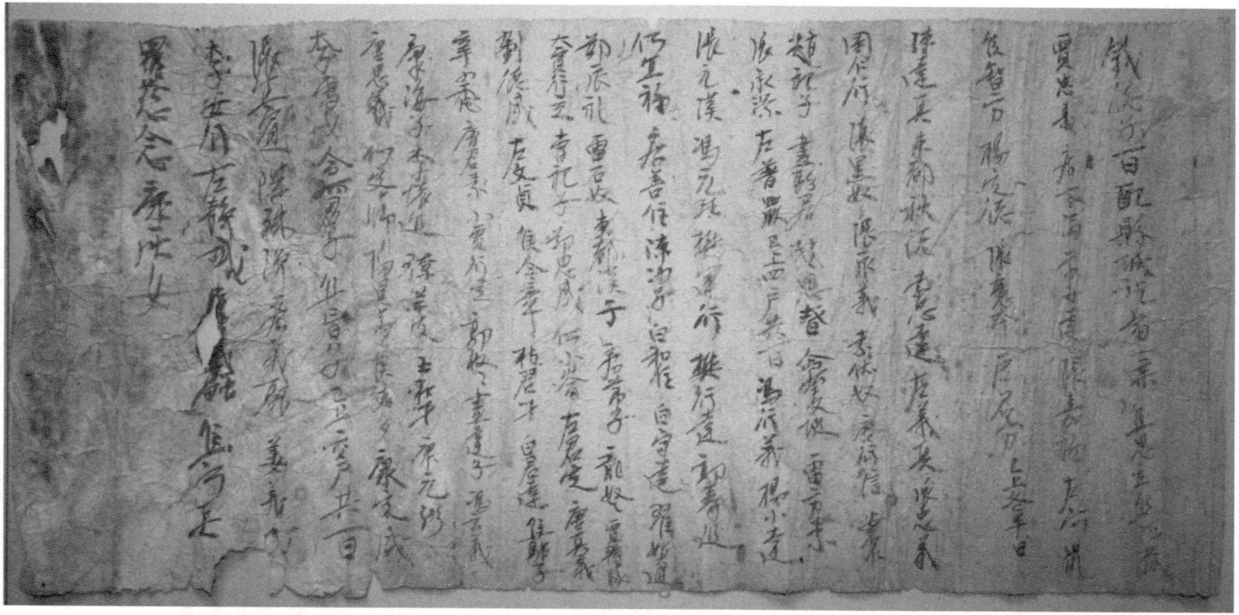

圖 1　配役文書（編號：8a）

配役文書

此文書高29.4厘米，寬61厘米，從文書右側至接縫處43.5厘米。共十九行，行六至十九字，共三百零四字。

1　錢德子　一日　配縣　訖當一乘　焦思立　焦法藏

2　賈忠義　房言滿　索安達　張嘉福　左阿鼠

3　饒智方　楊定德　張意本　唐君方　已上各半日

4　陳達真　東都秋德　索思達　左義真　張忠義

5　周仁行　張黑奴　張永義　索伏奴　唐行信　安石永

6　趙礼子　畫騎居　趙思耆　令狐婪地　雷方案

7　張承索　左普嚴　已上四戶共一日　馮行義　楊小達

8　張元漢　馮元珪　樊運行　樊行達　郭壽進

9　何直福　房善住　陳汝子　白和住　白守達　羅始通

10　鄭辰礼　雷石奴　東都漢子　房節子　龍奴奴　賈轉勝

11　大賈行立　曹祀子　鄭思威　何小崙　左君定　唐真義

12　劉德威　左文員　侯令章　枝君才　白君達　焦駢子

13　辛小虎　唐君素　小賈行立　郭奴奴　畫達子　馮玄義

14　康海子　李樓進　獜羊皮　王秋才　康元弼

15　唐思義　何客師　楊買福?　侯緒多　康定威

16　李雷女　令狐君子　焦真子　已上六戶共一日

17　張宜賓　陳殊淨　房義融　姜義成

18　李安行　左靜武　張義融　焦阿真

19　羅慈念　康灰女

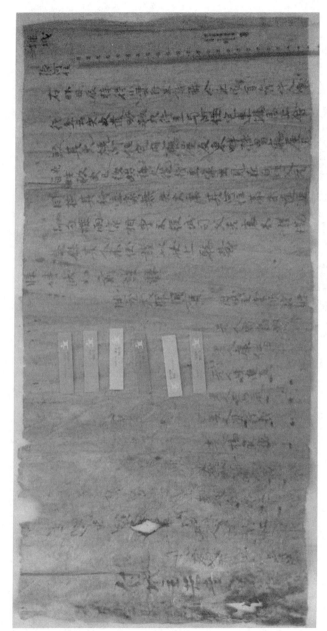

圖 2　開元十八年城主索順言牒爲失火相爭事（編號：8b）

開元十八年城主索順言牒為失火相爭事

此文書共二十四行，行二至三十一字，共二百二十四字。正面為配後文書。

1　鹽城

2　張阿住

3　右昨日辰時得訴稱小賈行立人喚今在家有前件人

4　行立云失火遣助救火行立與阿住宅連屬即上舍

5　頭其火燒阿住宅內廳屋及東畔孫男廳屋見

6　在百姓救火已後始稱火從行立家出見在百姓父老

7　同檢其行立家無失火處其阿住司才達更

8　卻勾構兩家相爭不從城父老慶分謹勤

9　赴縣其人不伏謹以狀上聽裁

10　牒件狀如前謹牒

11　開元十八年閏六月　日城主索順言牒

12　老人雷苟奴

13　老人康仁建

14　老人陳進真

15　老人左阿鼠

16　老人馮行義

17　老人楊定德

18　老人劉德威

19　老人白定子

20　老人索安達

21　老人索伏奴

22　付城主共老人等推問

23　上縣□□□□十八日□□□□

24　廿日

唐代鄉里制在于闐的實施及相關問題研究

以新出貞元七年和田漢文文書爲中心[*]

文書概要

2007年初，我們在北京的一位收藏家處見到了數件西域出土文書。據收藏者王先生介紹，這組文書來自新疆，具體出土地點不明。然而據我們觀察，這組文書大部分是麴氏高昌國及唐西州時期的文書，出土於吐魯番當無疑義。本文將要介紹的這件文書有明確紀年及傑謝鄉等內容，可以確定爲和田地區出土。

本件文書紙質，呈長方形，高38.2厘米，上寬26.4厘米，殘存文字七行，行十三至十五字，楷體墨書，其中第一行只殘留數筆，文字內容不可識，第二行與第三行各缺三字。錄文如下：

（前缺）

1]□□□□[　　　　]□[

---

* 本文係筆者與陳浩博士（現就職於上海交通大學）合撰，原載《西域研究》2010年第4期。主要工作由陳浩完成，其時未能登載該文研究之重要圖版，今特補之。

2 當鄉亦無此人，本刺史□□六? 日? 起，依名

3 征索稅糧紬布訖，□□□判作債填

4 納了，其人並不知去處，今遠投

5 大王，伏望判付，用阿摩支尋問將過，庶

6 免代此人賣身，請處分，謹牒

7 　　　貞元七年七月　日桨謝鄉頭没里惟思牒

下面先就文書中的某些字作簡單説明和考釋。

第二行："無"字旁補。"起"字之前文字筆劃殘缺，或爲"八"。此殘字左下似有補文，或爲"日"字。

第三行："紬"字又似"納"字，根據和田出土的 Hedin 15、16，和 Domoko C、D 等有關六城地區納稅文書中出現"進奉絁[1]紬"的字樣，我們斷定應是"紬"。"紬"是于闐地方生産的一種粗紡絲綢[2]，《大唐西域記》記載于闐人"工紡績絁紬"[3]。"判"字僅存下半部分，根據字迹及文書内容補爲"判"。

第六行："牒"是"牒"的異體字，學者指出這是爲了避唐太宗"世"字之諱，此現象在西域文獻中較爲普遍。[4]

第七行："桨"是"傑"的異體字。[5] "頭"字左半部殘缺，根據字形補全。

由於該文書殘缺，我們還不能對其作全面的解讀。其内容或可概括爲：惟思寫此牒文給于闐王，叙述刺史依名籍征索稅糧紬布，但其人不在本鄉，惟思代此人補繳稅債之後其人不知往何處，遠道投靠大王。惟思希望大王處理此事，命阿摩支詢問其過錯，以免代他賣身。基於以上理解，我們暫將該文書命名爲"貞元七年七月傑謝鄉牒爲請

大王處分事"。

下面，我們將根據本文書中所包含的信息，在前輩學者的研究基礎上，對于闐史研究中的幾個問題作進一步探討。不當之處，尚希方家指正。

"傑謝鄉""頭没里"所見于闐鄉里制度

文書第七行"傑謝鄉頭没里惟思"的句讀可能有兩種，一種是"傑謝鄉，頭没里，惟思"，另一種是"傑謝，鄉頭，没里惟思"[6]。我們認爲第一種更爲合理，理由如下：

首先，《通典》中所記唐朝的鄉官名稱中没有"鄉頭"[7]一詞，該詞作爲一種役職，直到明朝才出現。[8]其次，"傑謝鄉，頭没里"的這種稱謂習慣也符合唐代的鄉里制度，且本文書第二行出現"當鄉"一詞，"當鄉"自然指的就是"傑謝鄉"。

此前，已經有學者把"傑謝"當作"傑謝鄉"來認識了，[9]本文書進一步證實了"傑謝鄉"的存在。

"傑謝鄉"一詞的出現尚屬首次，以前都是以"傑謝"或者"傑謝鎮"出現。爲了便於討論，我們將有關傑謝的和田漢文文書分爲兩組：

出現"傑謝鎮"的文書：Дx.18915《某年九月十七日傑謝鎮帖羊户爲市羊毛事》[10]，Or.6406《唐某年十二月二十三日傑謝鎮知鎮官將軍楊晉卿限納牛皮及鶉鳥翎帖》[11]。

出現"傑謝"的文書：Or.6405《唐大曆三年三月典成銑牒爲傑謝百姓雜差科及人糧事》[12]，Or.6407《唐建中七年七月蘇門悌舉錢契》[13]，D.V.6《唐大曆十六年二月六城傑謝百姓思略牒爲典驢換丁不得乞追徵處分事》[14]，Дx.18917《貞元四年五月傑謝百姓瑟□諾牒爲伊魯欠負錢事》[15]，Дx.18920B《大曆十四至十五年傑謝百姓納脚錢抄》[16]，Дx.18921《傑謝鎮牒爲傑謝百姓攤徵事》[17]，Дx.18925《某年正月六城都知事牒爲偏奴負税役錢事》[18]，Дx.18926《大曆十六年傑謝合川百姓勃門羅濟賣野駝契》[19]，Дx.18927《建中六年十二月廿一日行官魏忠順收駝麻抄》[20]，Дx.18930《傑謝百姓納牛皮抄》[21]。

由上可知，"傑謝鎮"文書僅兩件。[22]Or.6406文書第三、四行"上件等物爲鎮器械，破折損，箭無翎修造，帖至仰准數採覓，限五日内送納"[23]，内容涉及軍事用品。據此我們可以推測Дx.18915文書中"限三日内送納"[24]的羊毛應該也是作爲軍事用品。

"傑謝"文書中通常出現"傑謝百姓"某某，顯然意在表明此人的籍貫。根據本文書中出現的"傑謝鄉"，可以認爲"傑謝百姓"應該是"傑謝鄉百姓"的簡稱。爲什麼不會是"傑謝鎮百姓"的簡稱呢？因爲在唐朝，鎮是作爲戍邊的軍事單位而存在，《新唐書》卷五〇《兵志》載："唐初，兵之戍邊者，大曰軍，小曰守捉，曰城，曰鎮，而總之者曰道。"換句話説，"傑謝鎮"是一個軍事單位，因有唐軍駐扎在傑謝鄉，故有此名。這也與前文討論的"傑謝鎮"文書都涉及軍事用品的現象吻合。關於傑謝鎮的軍事意義，榮新江先生指出，唐朝邊防體制從行軍轉化爲鎮軍，而傑謝鎮也是安西四鎮軍鎮防禦體系中的一環。[25]陳國燦先生最近撰文指出，傑謝鎮是州級鎮，或者説是于闐軍屬下的三級鎮。[26]

這樣，我們就可以爲和田文書中的"傑謝"一詞到底指傑謝鄉還是傑謝鎮提供一個判斷依據。明確出現"傑謝鎮"的當然指傑謝鎮，以"傑謝百姓"出現的"傑謝"可以認爲指傑謝鄉。

既然傑謝是一個鄉，那麼傑謝鄉應該不止下轄一個里。新發表的雙語文書 Дx.18926第二行漢文有"傑謝合川百姓勃[門羅濟]"[27]。我們認爲"傑謝合川百姓"或是"傑謝鄉合川里百姓"的簡稱。這樣，就可以爲傑謝鄉又落實一個里名。

此外，荒川正晴先生在討論于闐地方行政組織時，認爲應設鄉、里的地方設了鄉、村，而沒有人爲地設置"里"，依據是M.T.b.009文書中"勃寧野鄉、厥彌拱村"這一鄉村連寫的現象。[28]現在看來，這一觀點有必要作適當修正，從本文書來看，"傑謝鄉，頭没里"説明于闐地區有"里"的建制，并没有用"村"代替"里"。

總而言之，本文書進一步證實了唐朝鄉里制度在于闐地區的實行，并首次證實了傑謝鄉的存在。

傑謝、六城及質邏關係再考察

文書第二行出現"刺史"一詞。唐朝規定中原諸州的長官爲刺史，由《新唐書》卷四四《地理志》可知，羈縻州也置刺史，且由部族首領充任，皆得世襲。[29]

那麼此處的刺史是于闐哪個州的刺史呢？

按照前人研究，傑謝屬於六城州地區。但是隨着新材料的刊布，尤其是俄藏和田文書的公布和研究，我們認爲這一觀點有重新考慮的必要。

此觀點始於夏倫，夏倫根據漢文文書中"刺史"一詞，斷定"六城"不會是一個比州大的單位。出現在"六城"之後的"質邏"最好理解成六城州下屬的一個地區。夏倫將質邏比定爲藏文中的Ji-la，并把潘野、傑謝等地都歸於六城州，指出了六城州的大概位置。[30]張廣達、榮新江先生肯定了這一觀點，并根據藏文史籍《于闐國授記》中的記載指出了六城州下轄的六個具體城名，以及六城州的地理位置。[31]林梅村先生在此基礎上，落實了所轄六個城的具體位置。[32]

顯然，夏倫是根據漢語地名的語序關係提出上述觀點的，然而這個思路現在面臨一個挑戰，Дx.18940（1）文書出現"質邏六城百姓等"[33]內容。學者們必須對"質邏六城"和"六城質邏"同時存在的現象作出解釋，熊本裕先生認爲"質邏六城"可能是受了于闐語的影響，因爲于闐語中有cira ksvā auvā的用法。[34]

此外，熊本裕注意到Hedin 15號文書第一行于闐文的cira（質邏）一詞對應漢文的"六城"，[35]但是通常情況下，"六城"對應的于闐語是ksvā auvā。也就是説，從字面上理解，此處六城等同於質邏。[36]

對於以上諸多困惑，熊本裕提出一種假設："六城"（ksvā auvā）這個詞存在着兩種用法，一種是指代整個州，另一種是指代州的治所。[37]吉田豐對此的解釋是，質邏是六城的主要城市，有中央派來的知事級別的官員。[38]張廣達、榮新江也曾提出六城的治所可能是質邏，理由是兩者經常連用。[39]俄國學者沃若比堯娃-杰霞托伏斯卡婭（М.И.Воробьёва-Десятовская）通過對于闐語文書的解讀，提出六城不包括整個綠洲，因爲還有與其相鄰的屬於質邏（cira）綠洲的其他城。[40]

就目前所掌握的材料來看，還無法確定質邏和六城之間究竟是何關係。但要解決這一難題，有一個問題同樣不可回避，那就是六城與傑謝的關係。

D.V.6文書中出現"六城傑謝百姓"[41]，是否可以將此作爲傑謝屬於六城的證據？ D.V.6文書的紀年是大曆十六年，而在此約十三年前，在傑謝和六城兩地曾經發生過一次移民事件，這次事件被記載於Or.6405文書中。該文書提到，傑謝百姓由於常年被賊騷擾，不知道該怎麽辦，於是蒙差使移到六城。去年他們的差科已經交納，由於他們的糧食仍然留在傑謝，所以請求放寬今年的輸納期限。[42]這些信息清楚地告訴我們，傑謝和六城應該是兩個單獨的地區。[43]

如果把這兩件文書聯係起來考察就會發現，D.V.6文書中所謂"六城傑謝百姓"可能是對大曆三年移民到六城的傑謝百姓這個群體的稱呼，不應將此作爲傑謝屬於六城的證據。

遺憾的是，我們目前尚無法回答本小節開始提出的問題，但相信隨着新材料的不斷公布，這個難題一定會得到解決。

"大王"一詞所見于闐王之地位

本文書中出現的"大王"無疑是指于闐王。和田出土漢文文書中提到于闐王的還有兩處[44]，一處是MT.0130（Or.8212/1516）《唐開元某年于闐王尉遲珪狀及判等文案目》[45]，另一處就是Hedin 24號文書最後一行"節度副使都督王［尉遲曜］"。[46]

此處的大王指哪一位于闐王呢？

《悟空入竺記》記載了悟空貞元四年經過于闐時的情況："我聖神文武皇帝……次至于闐，梵云瞿薩怛那，王尉遲曜，鎮守使鄭據，延住六月。"[47]可見，悟空貞元四年路過于闐時于闐王是尉遲曜。

《于闐國授記》記載，吐蕃占領之前的于闐王名叫 Vijaya Bo-ham

Chen po[48]，柯諾夫（Sten Konow）將其比定爲于闐語文書中的 Visa Vaham，即尉遲曜，此觀點已爲學界普遍接受。[49]所以，貞元七年的于闐王應是尉遲曜無疑。

此處"大王"一詞另起一行書寫，這種文書書寫格式被稱爲"平闕式"。《唐六典》卷四《尚書禮部》載：

> 凡上表、疏、箋、啓及判、策、文章，如平闕之式。謂昊天、后土，天神、地祇，上帝、天帝，廟號、桃皇祖、妣，皇考、皇妣，先帝、先后，皇帝、天子，陛下、至尊，太皇太后、皇太后、皇后、皇太子皆平出。[50]

敦煌文書 P.2504《天寶令式表》中記載了"平闕式""舊平闕式"以及《新平闕令》，所列平闕内容比《唐六典》更爲豐富。[51]此外，敦煌寫本 S.6537《鄭余慶〈大唐新定吉凶書儀〉殘卷》也詳細記載了需要平闕的詞彙。[52]但無論是傳世典籍還是出土文書，平闕的内容都不包括羈縻州的地方首領。本文書中"大王"一詞的平出，彌補了史料記載的不足。

榮新江先生指出，唐朝的平闕之式還影響了于闐語文書，敦煌文書 P.5538 正面于闐語文書遇到 rrvī（王朝）、bāyi/bayä（聖恩或天恩）等詞彙時另起一行，并用粗筆書寫。[53]

由此，至少可以得出兩個結論：第一，唐朝的公文制度在于闐地區也得到了應用；第二，"大王"一詞的平出，一定程度上反應了羈縻制度下于闐王之地位。

"阿摩支"考

本文書第五行出現"阿摩支"一詞。關於該詞的語義及詞源，學者們已作深入探討。[54]貝利教授認爲阿摩支是一種頭銜，張廣達、榮新江贊成貝利的觀點，認爲阿摩支應該作爲一種榮譽稱號而不是實際官職來理解。[55]

我們認爲，把阿摩支當成于闐的一個實際官職來理解更爲合適。敦煌藏文文獻P.T.1089《吐蕃官吏呈請狀》中提及吐蕃對于闐統治形態的一些信息：

> 如有上奏之例，則只有于闐王（Li rje）進貢之例可對照，即通過進貢得到聖上恩賜，賜以王號，準許享有王者威儀（rgyal chos）。但却仍在［統治］于闐的持有銀告身的［吐蕃］論之下任職。于闐的阿摩支（a ma ca）等的位階雖授以金告身、［玉石告身］等，但其地位仍處於［吐蕃方面任命的］紅銅告身的節兒之下。[56]

從這件文書的內容來看，于闐的阿摩支與吐蕃的節兒作對比，而節兒是吐蕃的實際官職，[57]說明阿摩支并非僅僅是榮譽稱號。

在和田出土的漢文文書和于闐語文書中，阿摩支（āmāca）通常和刺史（tcisi）連用。[58]阿摩支是于闐地方的官號，而刺史是中央政府的官號，但兩者并不衝突，因爲前者是被中央承認的，這一點體現在開元十六年的敕書中。從吉田豐先生描述的于闐職官系統中也可以看出，刺史阿摩支（tcisi āmāca）是州知事級別的長官。[59]

回到本件文書的"阿摩支"一詞上來，文書起草人請求大王命令阿摩支詢問此事，説明阿摩支指代的是一個具體的人。没有提到這個人的名字，或可説明文書起草人和于闐王都應該知道此人是誰。只有實際官爵，而且是地位很高的爵位才會具有這種唯一性。

總之，我們認爲把阿摩支當成于闐的一個實際官職來理解更爲合適。

于闐陷蕃年代考

關於于闐陷蕃的具體年代，唐朝史料并没有明確記載，北庭陷蕃後"安西由是遂絶，莫知存亡"[60]。過去所見于闐漢文文書最晚的紀年是貞元六年，所以學者們通常認爲于闐陷蕃的時間在貞元六、七年。[61]

隨着俄藏于闐文書圖版和録文的公布，以及最近民間收藏文書的出現，[62]我們又陸續發現了一些漢文紀年文書，爲了説明問題，將有貞元紀年的漢文文書列成下表。

表1 貞元紀年的漢文文書

公元紀年	文書紀年	文書編號	出處
788	貞元四年五月	Дx.18917	施萍婷：《俄藏敦煌文獻經眼録（二）》，第329頁；張廣達、榮新江：《八世紀下半至九世紀初的于闐》，第225頁
788	貞元四年	D.Ⅶ.3.c（S.6972）	陳國燦：《斯坦因所獲吐魯番文書研究》，第550頁

公元紀年	文書紀年	文書編號	出處
789	貞元五年	D. Ⅶ.4.d（S.6969） D. Ⅶ.4.c（S.6970） D. Ⅶ.4.c（S.6971）	Edouard Chavanne ed., *Chinese Documents from the Sites of Dandān-Uiliq, Niya and Endere: Appendix A*, 1981, p. 530, p. 531 陳國燦:《斯坦因所獲吐魯番文書研究》，第552—555頁
789	貞元五年五月	Balaw.0163（Or.8212—701）	Henri Maspero, *Les Documents Chinois*, London: The Trustees of The British Museum, 1953, p. 186
790	貞元六年	D. Ⅸ.i（S.5862）	Edouard Chavanne ed., *Chinese Documents from the Sites of Dandān-Uiliq, Niya and Endere: Appendix A*, p. 533
790	貞元六年十月四日	M.T.0634（Or.8212—709）	Henri Maspero, *Les Documents Chinois*, p. 187
790	貞元六年十月	C10	李吟屏:《發現於新疆策勒縣的C8號至C11號唐代漢文文書考釋及研究》，第14頁
790	貞元六年十月	C11	李吟屏:《發現於新疆策勒縣的C8號至C11號唐代漢文文書考釋及研究》，第15頁
791	貞元七年七月		即本文討論的《貞元七年七月傑謝鄉牒爲請大王處分事》文書
794	貞元十（？）[63]年	Дx.18939	張廣達、榮新江:《聖彼德堡藏和田出土漢文文書考釋》，第236頁
798	貞元十四（？）年	Hedin 24	張廣達、榮新江:《八世紀下半至九世紀初的于闐》，第340頁

　　上表中，Hedin 24號文書是一件漢語、于闐語雙語文書，其中漢文部分的紀年殘缺不全。張廣達、榮新江先生最初認爲可能是乾元三

年（760），至少應當放在吐蕃攻占于闐以前的年代（790）裏。[64]後來根據新的圖版，對該文書作了重新解讀，將所殘紀年補爲“貞元十四年”。在此基礎上，提出于闐陷蕃的時間不會早於貞元十四年（798）。從文章中所列《安史亂後于闐大事年表》來看，他們認爲于闐在貞元十七年（801）已被吐蕃占領。文章認爲“據Hedin 24推測，賊人來自神山堡北，顯然是順于闐河南下的部隊，不難想象他們就是從龜兹而來的吐蕃軍隊”[65]。

這一推測引起了我們的思考。森安孝夫先生曾提出吐蕃對于闐的最後一次攻擊是重新實施的，而這次進軍可能有兩條路綫：第一條，從東部的羅布地區西進西域南路；第二條，從西部的帕米爾地區東進。[66]

我們認爲，吐蕃攻占于闐采取從羅布泊往西這一路綫的推測比較合理。吐蕃在北綫的戰事十分艱難，既有唐軍的抵抗，更有回鶻的爭奪，[67]吐蕃軍隊完成這麽多軍事行動後，孤軍深入沙漠南下于闐，何來供給？相反，如果吐蕃軍隊從羅布泊向西進攻于闐，既有充足的供給，[68]又沒有强大的敵人，而且路途較近。

如果這樣，Hedin 24號文書中所謂“賊人”就不會是吐蕃軍隊，吉田豐先生認爲應是回鶻人。[69]對於這一爭論，需要補充兩點：第一，Hedin 24號文書的“貞元”紀年并不是十分清晰；第二，文書内容中并沒有提到“賊人”來襲，只是“得消息”，而讓“人畜……收入坎城防備”，至於是什麽消息，不得而知。

下面，我們來討論于闐陷蕃的年代問題。

《敦煌本吐蕃歷史文書》中的《贊普傳記·墀松德贊》：

此王之時，没廬・墀蘇姑木夏領兵北征，收撫于闐歸於治下，撫爲編氓并徵其貢賦……[70]

既然"收撫于闐"的贊普是墀松德贊，那麼于闐陷蕃的時間自然不會晚於墀松德贊的死亡日期。

關於墀松德贊的死亡日期，史書有清楚記載。《舊唐書》卷一九七《吐蕃下》載："贊普以貞元十三年四月卒，長子立，一歲卒，次子嗣立。命文武三品以上官弔其使。"[71]《通鑑》也有類似記載，貞元十三年夏四月"吐蕃贊普乞立贊卒，子足之煎立"[72]。據此可知，墀松德贊死後，吐蕃朝政出現混亂，一年之內換了兩位贊普，這一事件被記載在墀德松贊贊普所立的諧拉康碑上。[73]根據這些史料，可以確定墀松德贊是在貞元十三年四月去世。

那麼，吐蕃"收撫于闐"的時間不會晚於貞元十三年四月。結合本件文書的紀年，可以暫時得出結論：于闐陷蕃的時間應該在貞元七年七月以後，貞元十三年四月以前。

張廣達、榮新江先生在《補記：對1997年以後發表的相關論點的回應》中提出新的觀點："在貞元六年和貞元十四年之間，于闐曾一度被吐蕃占領，但中間又被唐軍收復……這樣才可以解釋爲什麼有貞元十四年的文書，也可以説明貞元六年到十四年之間唐朝文書極其少見的情形。"[74]這一推測有待史料進一步證實。

我們根據現有材料提出的"貞元七年七月以後，貞元十三年四月以前"觀點仍然比較寬泛。李吟屏先生在《近年發現於新疆和田的四件唐代漢文文書殘頁考釋》一文中提到曾見過貞元九年或者十二年的文書。[75]我們期待此類文書早日公布，這將有助於解決于闐陷蕃的具體年代問題。

注　釋

[1] 夏倫（G. Haloun）最早將此字録爲 “綵”，見 H. W. Bailey ed., *Indo-Scythian Studies: Khotanese Texts*, Vol. IV, Cambridge: The University Press, 1961, pp.173–176。張廣達、榮新江先生指出 “綵” 是 “絁” 的別字，參見張廣達、榮新江《八世紀下半至九世紀初的于闐》，載《唐研究》（第三卷），北京：北京大學出版社，1997年，第359頁注39。王冀青先生録爲 “錦”，參見王冀青《斯坦因第四次中亞考察所獲漢文文書》，載《敦煌吐魯番研究》（第三卷），北京：北京大學出版社，1998年，第263—264頁。

[2] 林梅村：《新疆和田出土漢文于闐文雙語文書》，《考古學報》1993年第1期，第96頁。

[3] 季羨林等：《大唐西域記校注》卷十二，北京：中華書局，1985年，第1001頁。

[4] 盧向前：《牒式及其處理程式的探討——唐公式文研究》，《敦煌吐魯番文獻研究論集》（第三輯），北京：北京大學出版社，1986年，第335頁；張廣達、榮新江：《于闐史叢考》，上海：上海書店出版社，1993年，第144頁。

[5] 關於 “榤” 字的學術研究史，可參見前揭張廣達、榮新江《于闐史叢考》，第141—142頁。

[6] 據大阪大學教授荒川正晴先生轉告，京都大學吉田豐教授指出 “頭没里惟思” 作爲人名的可能性也是有的。

[7] 有關鄉官的名稱，參見《通典》卷三三《職官》，“鄉官” 條，北京：中華書局，1988年，第922—924頁。

[8] 《漢語大詞典》“鄉頭” 詞條的解釋是：明初南京的鄉中役職。[《漢語大詞典》（第十卷），上海：漢語大詞典出版社，1992年，第671頁〕雖然該詞曾出現在王梵志詩 “文簿鄉頭執，餘者配雜看”，但只是文學詞彙。參見江藍生、曹廣順編著《唐五代語言詞典》，上海：上海教育出版社，1997年，第383頁。

[9] 《斯坦因劫經録》中對 S.5864 文書的命名是 “大曆十六年六城傑謝鄉百姓胡書典牒”（劉銘恕：《斯坦因劫經録》，收入《敦煌遺書總目索引》，北京：商務印書館，1962年，第230頁）。

[10] 張廣達、榮新江：《聖彼德堡藏和田出土漢文文書考釋》，載《敦煌吐魯番研究》（第六卷），北京：北京大學出版社，2002年，第222頁。

[11] Edouard Chavanne ed., *Chinese Documents from the Sites of Dandān-Uiliq, Niya and Endere: Appendix A*, 1981, p.524. 陳國燦：《斯坦因所獲吐魯番文書研究》，武漢：武漢大學出版社，1995年，第537頁。關於霍爾寧（Hoernle）搜集品，本文統一使用大英圖書館的編號，參見王冀青《英國圖書館東方部藏 “霍爾寧搜集品” 漢文寫本的調查與研究》，《蘭州大學學報》（社會科學版），1991年第1期，第143—150頁。

[12] Edouard Chavanne ed., *Chinese Documents from the Sites of Dandān-Uiliq, Niya and*

Endere: Appendix A, 1981, p.523；〔日〕森安孝夫：《吐蕃の中央アジア進出》,《金沢大学文学部論集·史学科篇》,1983年,第52页〔中譯文參見勞江譯《吐蕃在中亞的活動》,《國外藏學研究譯文集》(第一輯),拉薩：西藏人民出版社,1985年,第64—130頁〕；張廣達、榮新江：《于闐史叢考》,第141頁；陳國燦：《斯坦因所獲吐魯番文書研究》,第535頁。

[13] Edouard Chavanne ed., *Chinese Documents from the Sites of Dandān-Uiliq, Niya and Endere: Appendix A*, p.525. 陳國燦：《斯坦因所獲吐魯番文書研究》,第538頁。

[14] Edouard Chavanne ed., *Chinese Documents from the Sites of Dandān-Uiliq, Niya and Endere: Appendix A*, p.526. 陳國燦：《斯坦因所獲吐魯番文書研究》,第540—541頁。

[15] 錄文見施萍婷《俄藏敦煌文獻經眼錄(二)》,《敦煌吐魯番研究》(第二卷),1997年,第329頁；張廣達、榮新江《聖彼德堡藏和田出土漢文文書考釋》,第225頁。圖版見《俄藏敦煌文獻》(第17册),上海：上海古籍出版社,2001年,第282頁。

[16] 錄文見張廣達、榮新江《聖彼德堡藏和田出土漢文文書考釋》,第228頁。圖版見《俄藏敦煌文獻》(第17册),第284頁。

[17] 此文書中只出現"傑謝百姓"字樣,并無"傑謝鎮",作者命名時,可能是根據文書内容推測而來。錄文見施萍婷《俄藏敦煌文獻經眼錄(二)》,第329頁；張廣達、榮新江《聖彼德堡藏和田出土漢文文書考釋》,第229頁。圖版見《俄藏敦煌文獻》(第17册),第284頁。

[18] 錄文見施萍婷《俄藏敦煌文獻經眼錄(二)》,第330頁；張廣達、榮新江《聖彼德堡藏和田出土漢文文書考釋》,第230頁。圖版見《俄藏敦煌文獻》(第17册),第286頁。

[19] 錄文見"Manuscripta Orientalia: International Journal for Oriental Manuscript Research", in Hiroshi Kumamoto, *Sino-Hvatanica Petersburgensia(Part I)*, March 2001, pp.3–4；張廣達、榮新江《聖彼德堡藏和田出土漢文文書考釋》,第232頁。圖版見《俄藏敦煌文獻》(第17册),第287—288頁。

[20] 錄文見張廣達、榮新江《聖彼德堡藏和田出土漢文文書考釋》,第234頁。圖版見《俄藏敦煌文獻》(第17册),第287頁。

[21] 錄文見張廣達、榮新江《聖彼德堡藏和田出土漢文文書考釋》,第235頁。圖版見《俄藏敦煌文獻》(第17册),第289頁。

[22] 張廣達、榮新江先生根據 Дx.18916文書的内容及出土地點判斷該文書爲傑謝鎮文書,命名爲"大曆十五年傑謝鎮牒爲徵牛皮二張事"。我們贊成他們的觀點,然而由於文書中没有明確出現"傑謝鎮"一詞,所以不在我們討論的範圍之内。其内容也涉及軍事用品,"限〔當〕日内送納"牛皮二張。參見張廣達、榮新江：《聖彼德堡藏和田出土漢文文書考釋》,第224頁。

[23] Edouard Chavanne ed., *Chinese Documents from the Sites of Dandān-Uiliq, Niya and*

　　Endere: Appendix A, p.524. 陳國燦:《斯坦因所獲吐魯番文書研究》，第537頁。

[24] 張廣達、榮新江:《聖彼德堡藏和田出土漢文文書考釋》，第222頁。

[25] 榮新江:《于闐在唐朝安西四鎮中的地位》，《西域研究》1992年第3期，第58頁。

[26] 陳國燦:《唐安西四鎮中"鎮"的變化》，《西域研究》2008年第4期，第21頁。

[27] "Manuscripta Orientalia: International Journal for Oriental Manuscript Research", in Hiroshi Kumamoto, *Sino-Hvatanica Petersburgensia(Part I)*, March 2001, pp.3–4. 張廣達、榮新江《聖彼德堡藏和田出土漢文文書考釋》，第232頁。

[28] 〔日〕荒川正晴《唐代于闐的"烏騾"——以tagh麻紥出土有關文書的分析爲中心》，《西域研究》，1995年第1期，第72頁、第76頁注釋23。按：該譯文的題目并不準確，"tagh麻紥"當是"麻紥塔格"。

[29]《新唐書》卷四四《地理七下》記載:"唐興，初未暇於四夷，自太宗平突厥，西北諸蕃及蠻夷稍稍内屬，即其部落列置州縣。其大者爲都督府，以其首領爲都督、刺史，皆得世襲。雖貢賦版籍，多不上户部，然聲教所曁，皆邊州都督、都護所領，著于令式。"（北京：中華書局，1975年，第1119頁）

[30] H. W. Bailey ed., *Indo-Scythian Studies: Khotanese Texts*, Vol. IV, Cambridge: The University Press, 1961, pp.176–177.

[31] 前揭張廣達、榮新江《于闐史叢考》，第142—144頁。

[32] 前揭林梅村《新疆和田出土漢文于闐文雙語文書》，第104—105頁。

[33] 前揭張廣達、榮新江《聖彼德堡藏和田出土漢文文書考釋》，第236頁。

[34] Kumamoto Hiroshi, "The Khotanese Documents from the Khotan Area", in *Memories of the Research Department of the Toyo Bunko, 54*, 1996, p. 48.

[35] H. W. Bailey ed., *Indo-Scythian Studies: Khotanese Texts*, Vol. IV, Cambridge: The University Press, 1961, p.29, p.173. Bailey將該詞認作vira，林梅村辨其誤，熊本裕贊成林梅村的觀點。參見林梅村《新疆和田出土漢文于闐文雙語文書》，第96頁；Kumamoto, "The Khotanese Documents from the Khotan Area", p.47.

[36] Kumamoto, "The Khotanese Documents from the Khotan Area", p.47.

[37] Kumamoto, "The Khotanese Documents from the Khotan Area", p.48.

[38] 〔日〕吉田豊:《コータン出土8—9世紀のコータン語世俗文書に関する覚え書き》，神户市外國語大學外國學研究所，2006年，第47—48頁，注釋66。

[39] 張廣達、榮新江:《聖彼德堡藏和田出土漢文文書考釋》，第232頁。

[40] М. И. Воробьева-Десятовская, Восточный Туркестан в древности и раннем средневековье, 1992, pp.58–59. 有關此書的評述見張廣達先生《評介〈古代和中世紀早期的西域〉》，載《敦煌吐魯番研究》(第三卷)，第339—370頁，後收入《文書、典籍與西域史地》，桂林：廣西師範大學出版社，2008年，第296—331頁。

[41] Edouard Chavannes ed., *Chinese Documents from the Sites of Dandān-Uiliq, Niya and*

Endere: Appendix A, 1981, pp.525-526. 陳國燦:《斯坦因所獲吐魯番文書研究》，第 540—541頁。

[42] 參見前揭〔日〕森安孝夫《吐蕃の中央アジア進出》，第52頁；張廣達、榮新江《于闐史叢考》，第141頁。

[43] 熊本裕先生也曾指出這一點。Kumamoto, "The Khotanese Documents from the Khotan Area", p.47.

[44] 根據陳國燦先生最新文章，他認爲Hedin 24號文書第八行"節度副使都督王"中的"王"是于闐王的自稱（陳國燦:《唐安西四鎮中"鎮"的變化》，第20頁）。這樣，和田文書中出現于闐王的地方可能就不止兩處了。

[45] 郭鋒:《斯坦因第三次中亞探險所獲甘肅新疆出土漢文文書——未經馬斯伯樂刊布的部分》，蘭州：甘肅人民出版社，1993年，第37頁。

[46] 張廣達、榮新江:《八世紀下半至九世紀初的于闐》，第340頁。

[47]（唐）圓照:《悟空入竺記》，《大正藏》第2089號。

[48] R. E. Emmerick, *Tibetan Texts Concerning Khotan*, London: Oxford University Press, 1967, pp.60-61.

[49] 前揭張廣達、榮新江《八世紀下半至九世紀初的于闐》，第351頁。

[50]（唐）李林甫等撰《唐六典》，陳仲夫點校，北京：中華書局，1992年，第113頁。

[51] T. Yamamoto, O. Ikeda and M. Okano eds., *Tun-huang and Turfan Documents Concerning Social and Economic History*, Vol. I. Legal Text, A/B, Tokyo, 1980, A. p. 45, B. pp.87-88. 書中對此文書的定名是"職官表"（唐天寶），劉俊文先生認爲命爲"天寶令式表"更爲合適，參見劉俊文《天寶令式表與天寶法制——唐令格式寫本殘卷研究之一》，載《敦煌吐魯番文獻研究論集》（第三輯），北京：北京大學出版社，1986年，第177—178頁。榮新江先生也引爲"天寶令式表"，參見榮新江《關於唐宋時期中原文化對于闐影響的幾個問題》，載《國學研究》（第一卷），北京：北京大學出版社，1993年，第409頁。

[52] 周一良、趙和平:《唐五代書儀研究》，北京：中國社會科學出版社，1995年，第183—184頁。

[53] 榮新江:《關於唐宋時期中原文化對于闐影響的幾個問題》，第409頁。

[54] F. W. Thomas, *Amātya-Amochih*, Journal of The Royal Asiatic Society of Great Britain and Ireland(JRAS), 1927, p. 122; R. E. Emmerick, *Tibetan Texts Concerning Khotan*, pp.58, 59, 70, 71; M. Sylvain Lévi, "Le catalogue géographique des Yakṣa dans la Mahāmāyūrī", *Journal Asiatique*, Onzième Série, Tome V, 1915, p. 19. 向達:《唐代長安與西域文明》，北京：生活‧讀書‧新知三聯書店，1987年，第30頁，注釋24。

[55] 張廣達、榮新江:《于闐史叢考》，第147—148頁。

[56] M. Lalou, "Revendications des fonctionnaires du grand Tibet au VIIIe Siécle", *Journal*

  Asiatique, 1955, p.177；楊銘：《和田出土有關于闐王的藏文寫卷研究》，《西域研究》
  1993第4期，第71頁；楊銘：《關於敦煌藏文文書〈吐蕃官吏呈請狀〉的研究》，載
  王宗維、周偉洲編《馬長壽紀念文集》，西安：西北大學出版社，1993年，第367頁。

[57] 有關吐蕃官號"節兒"的探討，參見王堯《敦煌吐蕃官號"節兒"考》，《民族語文》
  1989年第4期，後收入《中國敦煌學百年文庫·民族卷》（一），蘭州：甘肅文化出
  版社，1999年，第416—422頁。

[58] 吉田豊先生認爲阿摩支是刺史附帶的一個稱號。參見〔日〕吉田豊《コータン出土
  8—9世紀のコータン語世俗文書に関する覚え書き》，第145頁。

[59] 〔日〕吉田豊：《コータン出土8—9世紀のコータン語世俗文書に関する覚え書
  き》，第148頁。

[60] 《資治通鑑》卷二三三《唐紀》，北京：中華書局，1956年，第7521—7522頁。

[61] 认为貞元六年的有 M. Aurel Stein, Ancient Khotan, New Delhi, 1981, p.284；〔日〕
  森安孝夫《吐蕃の中央アジア進出》，第57頁；張廣達、榮新江《于闐史叢考》，
  第86—89頁；孟凡人《隋唐時期于闐王統考》，《西域研究》1994年第2期，第
  45—47頁；王小甫《唐、吐蕃、大食政治關係史》，北京：北京大學出版社，1992
  年，第208頁。認爲是貞元七年的學者有林梅村，參見《新疆和田出土漢文于闐
  文雙語文書》，第103頁；白桂思（Beckwith）認爲可能是貞元七年或者八年，參
  見Christopher I. Beckwith, *The Tibetan Empire in Central Asia*, Princeton: Princeton
  University Press, 1987, p.155。

[62] 有關近年和田出土文書的介紹，請參見李吟屏《新發現於新疆洛浦縣的兩件唐代文
  書殘頁考釋》，《西域研究》2001年第2期，第57—61頁；《近年發現於新疆和田的
  四件唐代漢文文書殘頁考釋》，《西域研究》2004年第3期，第83—90頁；《發現於
  新疆策勒縣的C8號至C11號唐代漢文文書考釋及研究》，《新疆師範大學學報》（哲
  學社會科學版），2007年第4期，第11—16頁；《發現於新疆策勒縣的四件唐代漢文
  文書殘頁考釋》，《西域研究》2007年第4期，第17—23頁。

[63] 關於 Дx.18939號文書，張廣達、榮新江先生錄文是"貞元十年"，我們對照圖版，
  "十"字殘缺，只剩下不相連的兩點筆劃，所以尚不能確定是"十"，也有可能是
  "七"。

[64] 張廣達、榮新江：《于闐史叢考》，第87頁。

[65] 張廣達、榮新江：《八世紀下半至九世紀初的于闐》，第349頁。

[66] 〔日〕森安孝夫《吐蕃の中央アジア進出》，第55—56、58頁。

[67] 貞元十年，吐蕃與回鶻爭北庭而死傷頗衆，向南詔徵兵萬人。《舊唐書》卷一九七
  《南蠻》，北京：中華書局，1975年，第5283頁。

[68] 關於這個問題，我們請教了王堯先生，王先生提示我們注意羅布泊、米蘭一帶出土
  的大量藏文簡牘材料。從簡牘內容看，這條綫物資豐富，甚至有酒的供給。參見

王堯、陳踐編著《吐蕃簡牘綜錄》，北京：文物出版社，1985年，第58—59頁。

[69] 〔日〕吉田豊:《コータン出土8—9世紀のコータン語世俗文書に関する覚え書き》，第69—71頁。

[70] 王堯、陳踐譯著《敦煌本吐蕃歷史文書》，北京：民族出版社，1980年，第144頁。

[71]《舊唐書》卷一九七《吐蕃下》，北京：中華書局，1975年，第5261頁。

[72]《資治通鑑》卷二三五《唐紀》，北京：中華書局，1956年，第7577頁。"乞立贊"是"墀松德贊"的另一譯法，見林冠群《唐代吐蕃史論集》，北京：中國藏學出版社，2006年，第355頁。

[73]《諧拉康碑》載："迨父王及王兄先後崩殂，予尚未即位，斯時，有人騷亂，陷害朕躬，爾班第·定埃增了知内情，倡有益之議，紛亂消泯，奠定一切善業之基石，於社稷諸事有莫大之功業。"參見王堯編著《吐蕃金石録》，北京：文物出版社，1982年，第116頁。

[74] 張廣達、榮新江:《于闐史叢考（增訂本）》，北京：中國人民大學出版社，2008年，第266頁。

[75] 李吟屏:《近年發現於新疆和田的四件唐代漢文文書殘頁考釋》，第83頁。承國家圖書館古籍善本部史睿先生告知，此批文書已入藏國家圖書館。

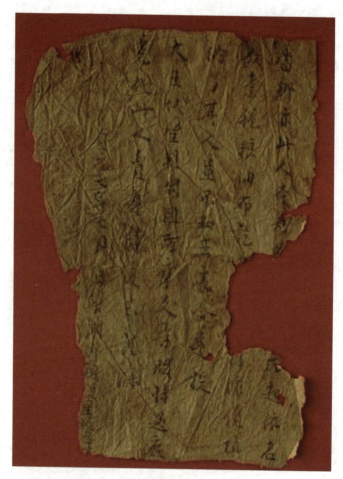

圖1　貞元七年七月傑謝鄉牒爲請大王處分事

從粟特商人到中華兒女

吐魯番新出粟特人墓誌素描[*]

2006年，筆者三赴吐魯番，不但第一時間觀摩了大量最新獲得的吐魯番文獻，還與新獲吐魯番出土文獻整理小組成員共同對這些文獻進行了釋讀。其中包括十餘方高昌墓磚。相對於已經出土的高昌墓磚，新出墓磚在數量上并不算多，但作爲歷史研究資料，這批新出土墓磚所具有的史料價值是此前出土墓磚所無法替代的。尤其是其中一批粟特人墓誌，包含很多歷史信息。

由於古代高昌地處邊陲，沙磧阻隔，交通不便，又因周邊地區多種民族勢力交錯，變亂頻生，歷代文獻對高昌國時期的吐魯番雖有零星記録，但多言之不詳，甚至含混錯謬。迄今出土高昌墓磚，基本集中於高昌故城附近的阿斯塔那墓地和交河故城附近的雅爾湖墓地。除了出土於阿斯塔那墓地的翟郍寧昬母康波蜜提墓誌和康富多夫人康氏墓表可以斷定爲粟特人墓誌，其餘墓磚均爲當地漢人墓葬出土。而新出土的十七方高昌墓磚中，有十方是粟特人的。它們分別出土於交河故城西部的雅爾湖康氏家族墓地（五方）和高昌故城東北部的巴達

---

* 原載《光明日報》（理論版），2007 年 3 月 19 日。

木康氏家族墓地（五方，其中一方爲胡楊木板製作），時代最早的爲延昌十四年（574）康虜奴公母墓表，最晚的爲垂拱二年（686）康如節墓誌。康虜奴公母墓表較此前吐魯番地區出土粟特人墓塼要早九十年。

5世紀中葉以後，粟特人成爲吐魯番地區西域人中數量最多的一個外來人群。他們不僅在吐魯番經商，還定居吐魯番，并於6世紀早期融入當地漢人社會。《梁書》《周書》等史籍中所描寫的吐魯番社會文化現象，應該與這些粟特人有着密切關係。這些墓誌銘文告訴我們許多歷史信息，尤其清楚描述了一個粟特家族在吐魯番地區的漢化歷程。

如果單從這些粟特人墓塼的形制以及書式看，我們找不出任何與漢人墓塼的不同之處。但是“康虜奴”“康蜜乃”等粟特人特有的姓名，清楚表明了墓塼主人的族屬。根據吐魯番出土文獻可知，粟特人在5世紀前半葉就已生活在高昌地區[1]，他們除了從事所擅長的商業活動，還從事銅匠、鐵匠、畫匠、皮匠、獸醫、旅店店主等職業，也有一些人擔任政府官員[2]。新出土吐魯番文獻進一步表明，粟特人在吐魯番還從事着翻譯和軍人職業。兩組粟特人家族的墓塼告訴我們，這些進入吐魯番的粟特人已經在高昌建立了自己的聚落，他們不僅使用漢人姓名，死後還跟漢人一樣采用家族土葬并刻寫墓誌。由墓塼“領兵胡將”（康□鉢墓表）的官名可知，高昌國政府對這些定居吐魯番的粟特人可能實行集中管理，并從中選拔軍官。從其他幾方粟特人墓塼“帳下左右”（康衆僧墓表）、“虎牙將軍”（虎牙將軍□□墓誌）、“左親侍左右”（康浮匐墓表）、“商將”（康業相墓表）、“内將”（康延願銘記）等官名看，他們似乎與高昌國的漢人一樣，擔任着各種政府官職。

交河雅爾湖康氏家族墓地出土的康延願銘記在記述康延願的家世時有如下內容："其先出自中華，遷播屆於交河之郡也。"如果沒有同塋院其他墓塼的出土，我們大概不會想到銘文中形容的這位謙謙儒者是一位"深目高鼻"的粟特胡人。更爲有趣的是，通過這段銘文我們進一步得知，定居吐魯番的粟特人不但在姓名、習俗上完全漢化，還將自己的故鄉從西移到東，在精神上也轉變成了中華兒女。通過同塋院其他墓葬出土的墓塼可知，康延願家族定居吐魯番雖已超過七十年，却無論如何也和"出自中華"聯係不上。但是，這種不符合歷史實情的説法却符合他們心願的表達方式，也表達出對中華的認同。事實上，這些自稱中華兒女的中亞粟特人，後來確實成爲中華民族的有機組成部分。

注　釋

[1] 參見榮新江《中古中國與外來文明》，北京：生活・讀書・新知三聯書店，2001年。
[2] 參見姜伯勤《敦煌吐魯番文書與絲綢之路》，北京：文物出版社，1994年。

敦煌吐魯番學研究新資料

兼談中央民族大學收藏吐魯番出土文書[*]

　　敦煌學作爲國際顯學，一直受到國際學術界高度關注。然而隨着新研究資料的減少，其研究熱度也逐年下降。但作爲廣義敦煌學概念下的吐魯番學，却因新資料的不斷出現而持續升温。

　　吐魯番學最早由西方探險家在我國新疆地區的探險開始。19世紀末，俄、英、德、日等國先後數次到吐魯番探險考察，并行盜掘之事。他們把盜掘來的各類文物帶回本國研究出版，其中斯坦因帶回英國的吐魯番出土資料由馬伯樂編輯整理，出版了《斯坦因在中亞第三次探險的中國古文書考釋》(此書在20世紀30年代整理完成，但直至1953年才在倫敦以法文出版，内容根據出土地的不同，將文書分爲十類，其中六類出土於吐魯番)，葛蘭威德爾和勒柯克帶回德國的吐魯番出土資料分别被整理編輯成《1902—1903年在亦都護及其鄰近進行考古發掘的報告》(慕尼黑，1906年)、《普魯士皇家第一次新疆吐魯番考察隊的行程與收穫》(《英國皇家亞洲學會會刊》，1909年)、《新疆古代佛教聖地——1906—1907年在庫車、焉耆河吐魯番的

---

* 原載《光明日報》2010 年 12 月 16 日，第 10—11 版。

考古記》（柏林，1912年）、《高昌——第一次普魯士皇家考察隊所得新疆吐魯番古物圖録》（柏林，1913年）、《中亞古代晚期佛教文物》（柏林，1922—1933年）等，此後東德陸續出版《吐魯番文集》，至少出版到第六、七集。俄國由於缺少相關的研究人員，其帶回的吐魯番出土文物長時間處於秘不示人的狀態。第二次世界大戰前，俄國雖然編寫發表了部分藏品的目録，但所藏文書内容不得而知。第二次世界大戰後，蘇聯科學院邀請我國學者鄭振鐸幫助對所藏文物進行整理編目，出版了兩卷目録性質的書籍，但這也不到其藏品的三分之一，而多數又爲敦煌文書。日本盜掘的吐魯番文書現在分藏於日本（東京國立博物館、京都的龍谷大學等）、中國（大連旅順博物館、上海博物館等）和韓國（國立中央博物館）等地，并分別出版了《西域考古圖譜》（日本，1915年）、《新西域記》（日本，1937年）、《西域文化研究》（日本，1958—1963年）、《中國古代籍帳研究》（日本，1979年）、《大谷文書》（1—3卷，日本，1984—2003年）、《朝鮮總督府博物館藏大谷光瑞氏搜集西域遺物寫真集》（韓國，1930年）、《中央亞細亞美術》（韓國，1986年）、《旅順博物館藏西域文書研究》（中國，2007年）等。這一時期，中國學者雖然也對吐魯番文物有過發掘整理，如王樹枏的《新疆訪古録》（1911），羅振玉的《西域石刻録、後録》（1914）和《高昌磚録》（1933），黄文弼的《高昌專集》（1931）、《高昌陶集》（1933）和《吐魯番考古記》（1954）等，但其中除了黄文弼爲有組織的考古發掘，其他均爲鄉人濫挖或散見整理。

吐魯番學研究就像當年“敦煌在中國，敦煌學在日本”的狀况一樣，牆内開花牆外結果。在這一歷史進程中，中國學者雖然也有零星研究，但更多關注敦煌文書，吐魯番文書還未引起太多關注。

中華人民共和國成立後，吐魯番學的命運開始發生轉變。1959
年開始，因配合農業水利建設，由新疆地區的學者爲主組成的專業考
古發掘在高昌故城附近的阿斯塔那、哈拉和卓古墓群展開。至1975
年，前後共進行了十三次發掘，共清理四百五十六座古代墓葬，其中
二百零三座墓葬出土了古代文書。與敦煌文書時代多爲唐後期至五代
宋初的情況不同，吐魯番文書時代多爲中唐以前，甚至前涼時期。這
二百零三座古墓葬共出土各式官私文書近萬片，也基本屬於十六國至
唐代。我國政府十分重視這一系列考古發現，1976年特地成立以唐長
孺教授爲首的“吐魯番文書整理小組”，前後集中了來自全國各地的
專家學者近二十人，對這批文書進行系統整理，最後編輯出版了《吐
魯番出土文書》(1981—1991年出版十册錄文本，1992—1996年又將
此錄文本附加圖版，彙集完成四册大型圖版本的編輯出版)。可以説，
這是首次以中國學者爲中心展開的對吐魯番出土文書的大規模、高級
別的研究整理成果。從此，吐魯番學研究的世界格局出現轉變，這一
國際顯學舞臺的中心逐漸開始向中國吐魯番學界偏移。

　　吐魯番文書由於分散於盆地不同地域的寺窟、古墓葬和各類遺
址，雖經多次盜掘，但沒有遭到敦煌文書那樣被一鍋端的厄運。也因
此，百餘年來，吐魯番雖然經歷了各種盜掘和考古發掘，但這座地
下文物寶庫總是不時帶給人們驚喜，各類文物以各種形式不斷地展現
在世人眼前。這其中，有各種規模搶救性發掘而出土的文書（如《新
出吐魯番文書及其研究》，新疆人民出版社，1997年），也有許多來
源不明的散藏吐魯番文書。而經過十餘年的沉寂，又一次將吐魯番學
研究推向高潮的，是本世紀初榮新江教授主持的《新獲吐魯番出土文
獻》（中華書局，2008年）的整理和出版。

《新獲吐魯番出土文獻》所收錄出土文獻包括高昌郡時期、闞氏高昌國時期、麴氏高昌國時期、唐西州時期不同歷史階段的文書和墓誌，與此前吐魯番出土文書有所不同。首先，此次文書出土地除了阿斯塔那、哈拉和卓古墓群，還有高昌故城東北的巴達木古墓群、鄯善縣吐峪溝鄉洋海古墓群、吐魯番市東郊蘇公塔東北的木納爾古墓群及交河故城等處，出土範圍大大超出以往。特別是洋海古墓群，如今的發掘只是其中很小的一部分，但其發現足以令學界驚歎。其次，因出土範圍擴大，文書出現了前所未見的內容，極大地豐富了吐魯番學的內涵，使吐魯番學研究上升到一個新高度。第三，此次整理與研究工作，參加者爲全國各高校和研究機構高學歷、高素質的中青年學者，部分領域還有外國學者參加，體現了21世紀吐魯番學的時代特徵。

隨着《新獲吐魯番出土文獻》的出版以及一系列新考古發現，國際學術界又一次把目光集中到了吐魯番。2005年，吐魯番地區文物局會集全國乃至世界各國的專家學者，成立"吐魯番學研究院"，并連續數年舉辦大型國際學術研討會和高峰論壇，一個國際的、開放的、全新的"吐魯番學"終於回歸到了她的起點——吐魯番。

令人鼓舞的是,《新獲吐魯番出土文獻》出版後不久，中央民族大學又徵集到了一批吐魯番出土文書，使其有幸也成爲吐魯番出土文獻的收藏機構之一。

這組文書，是中央民族大學在籌辦少數民族古文字陳列館的過程中收集到的。根據文書內容判斷，可以肯定出土於吐魯番。但具體出土時間和地點不詳。這組文書共十三件，比較完整的有四件，其餘均有殘缺。有年款的六件，最早的是開元十五年（727），最晚的是開元十八年（730）。其餘幾件從內容和書體看，也應該是同一時期。

這十三件文書的内容可謂多種多樣，例如《開元十八年五月老人左阿鼠等牒爲修城事》文書，是鹽城百姓左阿鼠等人呈遞給交河縣的一件狀式（上行）文書，記録的是州使命令鹽城百姓"修理城塞、門及城上當路剥落處"，而百姓不服從命令，因此老人左阿鼠等將此事彙報給上級。文書末還有上級部門的批文。此文書不僅保存完整，其書法亦有特色。唐代楷書已經十分成熟，然此文書書寫略帶拙稚，尚有魏碑書法之神氣。當我們展閲這幅開元十八年（唐代楷書代表人物顏真卿此年二十二歲）的書法作品時，一股撫古思今之情油然而生。

《開元十八年城主索順言牒爲失火相爭事》文書（正面爲《配役文書》）是鹽城城主索順言呈給交河縣的一件狀式文書，記述開元十八年六月某日，鹽城百姓張阿住等家失火及救火和追究失火責任。此文書不但有鹽城城主的簽名，還有十位老人的連署和交河縣回復的批文。《十一月十五日交河縣帖鹽城爲入鄉巡貌事》是交河縣下發給鹽城的一件關於"入鄉巡貌"的帖式（下行）文書。所謂"入鄉巡貌"，就是隋唐時期實行的檢查户口的"大索貌閲"制度中的一個程式。文書首先書寫八十名需要被核實户口的人名，然後書寫命令城主於當月十七日"火急點檢排比，不得一人前却，中間有在外城逐作等色，仍仰立即差人往追"等内容。這件文書使我們對"大索貌閲"在地方的實施有了具體和形象的認識。此外，這組文書中還有《第四團下鹽城納行官仗身錢曆》《交河縣帖鹽城爲納秋麥事》《史索方帖爲別差百姓事》《交河縣帖鹽城爲捉館人焦仕忠等如遲得杖事》等。

首先，值得注意的是，這十三件文書共有五件出現"鹽城"的地名，説明這組文書與鹽城關係密切，或許就出土於鹽城。再通過不同文書重複出現的人名以及文書年代比較集中等來看，這組文書很可能出土於同一個墓葬，或許墓葬的主人就是鹽城城主。鹽城，位於交河南部。據吐魯番文物局相關人士介紹，這裏還没有進行過任何考古發掘，這組文書的發現，應當引起我們對這一地區古代墓葬的重視。其次，吐魯番出土文書，大多是二次利用的文書，而這次發現的文書基本没有二次使用的痕迹，其中多件保存完整，雖有破損，也非人爲。説明這組文書是有意埋藏保留的，其整體所包含的信息值得深入探討。第三，這組文書中有些歷史信息非常重要。比如關於"入鄉巡貌"的文書，應該是我們在所知出土文獻中首次見到的有關"大索貌閱"的信息。第四，這批文書大多保存完整，因而對研究唐代文書學具有重要價值，通過這批文書，我們基本能對此前尚未認識清楚的帖式和狀式文書制度全面解讀。

可以説，中央民族大學博物館收藏的這組吐魯番出土文書，雖然數量不多，但因其形態完整、内容特殊，從而成爲百餘年來吐魯番出土文獻中不可忽視的組成。

淺談刑徒塼銘[*]

在北京故宮博物院的數十萬件藏品中，有二百餘件東漢銘刻——刑徒塼。這批文物係清代末年端方購於商賈之手，羅振玉曾專門去端方家中觀看。商賈傳此刑徒塼出於弘農（古縣名，亦稱恒農，即今河南靈寶北），新中國成立後考古工作者曾於此調查，未有所獲。可能是商賈爲隱瞞真實出土地而編造。羅振玉謂"此百餘塼者，不異百餘小漢碑也"。他遣人索購拓片，編印爲《恒農冢墓遺文》《恒農塼錄》二書。

1964年，考古工作者對洛陽城外的刑徒墓進行發掘，出土刑徒塼八百餘件，大大豐富了東漢刑徒塼的内容和數量。由此，有人認爲端方所購刑徒塼的出土地不是弘農，而是洛陽。但刑徒的服刑地不止此一處，現藏北京故宮的這批刑徒塼與洛陽出土的刑徒塼從總體上看亦有所別。故在此問題上我們暫且存疑。

刑徒塼是死於服役中的刑徒的墓塼，利用建築殘塼刻成。塼銘刻寫於塼體的正面和側面，正面内容多爲刑徒的籍貫、姓名、刑名及死葬日期等。側面一般只刻"某某死"等文。

---

* 原載《書法》1989 年第 4 期。

刑徒塼銘的排列形式主要有兩種。一種先刻寫年月日，再刻刑徒籍貫、刑名、姓名，最後刻寫"死於此下"等語。另一種先刻寫"無任"或"五任"，再刻寫刑徒籍貫、刑名、死葬日期等。塼銘中"無任"和"五任"是漢律用語，由於《漢律》佚失，其意已不可考。有人認爲"五任"指有技能的刑徒，"無任"指無技能的刑徒。

　　刑徒塼銘中的刑名有髡鉗、完城旦、鬼薪和司寇等，其刑期分別是五至二年。其中髡鉗和完城旦刑占極大多數。

　　自端方購刑徒塼始，到1964年洛陽刑徒墓的發掘，已出土刑徒塼千餘件。文物工作者對這批刑徒塼已作了不少研究，取得了一定的成果。但是作爲一批數量上僅次於碑刻、簡牘、帛書，風格上又是它們所無法替代的漢代書法資料，對其研究却至今未得到應有的重視。

　　由於刑徒社會地位低下，刑徒塼的刻寫不可能很精細，一般草草刻就。然而這種無拘束的綫條，質樸隨意的刻畫，却十分生動地體現了一種自然氣韵。有的刑徒塼銘由於所用塼體形狀不規則，塼銘刻寫就塼體隨意運刀，使塼面刻文布局豐滿而富於變化；有的刑徒塼銘由於刻寫者不計算塼面大小與刻寫字數的關係，致使銘文前鬆后緊或前緊後鬆；有的刑徒塼銘方正勁挺，刻劃抑揚使轉，好像明清流派印的刀法在這時已初露端倪。這些變化，在不同程度上都使塼銘顯得活潑生動，富有自然情趣。

　　刑徒塼的刻寫，一般先用毛筆將塼銘寫在塼面上，然後依筆道刻出，但也有未經書寫而直接刻成的。刀刻的方法有雙刀和單刀兩種。這兩種刻法，使銘文基本上形成了兩種不同的風格。前一種刻法往往使銘文顯得厚重、豐滿，比較工整；後一種刻法使銘文很大程度上失去了筆墨韵味，却形成一種剛勁秀挺、質樸自然的金石味。而那些未經書寫直接刻劃的銘文，又使刻刀的靈活性增强，不受拘束而隨意運轉，但一般在布局上比較鬆散而缺少章法。

刑徒塼銘均爲隸書，多數保持了東漢隸書扁平的結構特徵。但與當時碑刻上的隸書不同，它没有蠶頭燕尾的變化，也無明顯的波磔用筆。更不具備《熹平石經》《禮器碑》或《曹全碑》那種左規右距、法度森嚴的風範。隸書發展到東漢，進入了藝術性高度自覺的創作時代，這在歷代所見東漢隸書碑刻中已充分體現。而刑徒塼銘，在我們面前展現出東漢隸書的特殊風貌。這是一種純實用的書法，毫無創作意識可言。其唯一的書寫意識，恐怕就是從簡。這恰恰是形成這些塼銘天真質樸、自然灑脱特點的原因。

有些簡牘書法，雖然也具備刑徒塼銘隨意揮灑、自然流暢、草率急就、不拘一格的特點，但不同的是，刑徒塼銘是用刀刻成，字體又大於簡牘文字數倍，也不像簡牘書法只能在狹長的竹木片上書寫。刑徒塼銘是一種既不同於漢代碑刻又不同於簡牘帛書的隸書書體，從欣賞的角度來説，它具有其獨特的趣味。

图1　東漢刑徒塼拓片

這些刑徒塼的刻寫年代，大體上集中於東漢永平至熹平年間（58—178），屬於東漢早、中期。這正是隸書從古隸向八分書體過渡并趨於成熟的時期。刑徒塼銘雖不能代表這一時期的隸書書法，但從中仍能窺探到這一時期書法的演變過程。數量如此衆多，年代順序又如此清晰的漢代書法資料，在研究漢代隸書的書法資料中是很難得的。隨着民間書法研究的進一步深入，刑徒塼銘會以其特有的魅力，受到書法界人士的關注。

高昌塼書法淺析 *

　　高昌塼，指清末以來在新疆吐魯番地區的阿斯塔那—哈拉和卓等古墓群中陸續發掘出土的墓誌塼。因這些墓誌塼多屬麴氏高昌國時期（500—640），故名高昌塼。與中原墓誌不同的是，高昌塼爲泥質，經過燒煉，一般爲36—42厘米見方。塼銘書寫有朱書、墨書、刻字填朱等多種形式，内容也比中原地區的墓誌銘簡略，一般只書寫死者姓名、官職、享年、埋葬日期等。

　　光緒年間，日本大谷探險隊在吐魯番地區發掘古墓，獲得數方高昌墓塼。至今，考古工作者又進行了十數次不同規模的考古發掘，所出土高昌塼已達二百方以上。其中最集中的一次，首推考古學家黄文弼先生於1930年的發掘。這次發掘共出土高昌塼一百二十餘方，其年代最早的是公元537年，最晚的是公元705年，時間跨度近二百年。這批高昌塼銘的書法有行書、楷書等多種書體。

　　在黄文弼先生所發掘的高昌塼中，魏碑体書有三十餘方。其中多是朱書，兼有少量墨書和刻銘。在這些塼銘中，可見用筆方圓多種

＊　原載《書法》1991 年第 6 期。

變化，書法風格更是豐富多樣。如真率古秀的張保守墓表（朱書，見圖1）、孟氏墓表（朱書，見圖2），方勁挺拔的令狐天恩墓表（墨書，見圖3）、趙宗榮墓表（刻銘，見圖4），爽利靈秀的唐耀謙墓表（朱書），凝重樸拙的任謙墓表（朱書）等。再如多用方筆，頗似爨寶子

圖1　張保守墓表

圖2　孟氏墓表

圖3　令狐天恩墓表

圖4　趙宗榮墓表

圖5 畫承墓表

圖6 氾靈岳墓表

圖7 王闓桂墓表

的畫承墓表（刻銘，見圖5）；點畫中多存隸意，神態接近爨龍顏的氾靈岳墓表（圖6）。這些銘文從體勢與用筆看，其楷法已趨成熟。從其前後期書刻來看，没有形成統一的風格，基本上呈多樣性。

高昌塼書法的特點可歸納爲"形式不一，風格多樣"。從書體上講，它反映了這一時期書體演變的複雜性；從風格上講，其千變萬化的面目，形象地體現了這一時期的時代面貌。這些特點，與其特有的歷史、文化背景分不開。

高昌位於今新疆維吾爾自治區吐魯番地區，是我國西北一個多民族聚居地區。公元前48年始，該地成爲西漢政權的屯田地。到南北朝時期，高昌已成爲以漢人爲主的多民族地區。高昌的漢人居民，有的是漢代戍邊將士的後裔，有的是隴右爲躲避戰爭而逃來的難民，敦煌的漢人也不斷遷居高昌。經過長期的雜居生活，移居此地的漢人已經基本上與土著人融合，文化上形成了"國人言語與中國略同。有五經、歷代史、諸子集"（《梁書》卷五四《諸夷》），"文字亦同華夏，兼用胡書……刑法、風俗、婚姻、喪葬，與華夏小異而大同"（《周書》卷五〇《高昌》）的特點。

高昌與中原的關係十分密切。在政治上，自西漢元帝置戊己校尉，開始屯田始，歷經東漢、曹魏、西晉，高昌都直接受中央政權管轄。西晉亡，中原戰亂，高昌又先後受前凉、前秦、後凉、西凉、北凉統治。公元439年，北凉被北魏所滅，其殘部退居高昌郡，稱大凉，這期間還保持着與南朝宋的政治關係。公元460年，柔然滅北凉在高昌的殘部，立土著大姓闞氏爲高昌王，嗣後，張、馬、麴諸氏相繼在高昌稱王。歷代高昌王除先後臣服於柔然、鐵勒、西突厥外，還與中原北魏、北周，乃至南朝齊、梁保持着政治、經濟、文化上的聯係。隋統一中原後，高昌與中原的關係進一步加强。高昌雖地處西北邊陲，但由於這種政治上的關係，其文化必然受到中原文化的控制與影響，且從未間斷。此外，高昌所處地理位置，正是中古時期我國西北絲綢之路上的交通要衝。漢晉以來，不管是和平時期，還是戰爭時期，絲綢之路上的商旅往來從未間斷，這在不同程度上加強了高昌與中原的文化交流。中西僧侶求法布道，也把高昌作爲重要中轉站。据統計，在高昌國時期，高昌的佛寺在二百所以上，僧徒亦有數千之多。這在只有"户八千，口三萬"（《新唐書》卷二二一《高昌》）的高昌，比例頗高。高昌僧侶多習漢字，許多僧侶常駐高昌開場譯經，這些也使漢文化的地位在高昌大大加强。

漢字書法作爲漢文化的一個重要表現形式，在高昌文化中得到了充分體現。中原書法的每一種書體和書風變化，也都在高昌出現了相應的反映。

高昌塼書法既有碑刻書法端莊沉着的一面，也有帖學書法飄逸灑脱的一面。其重要書法價值主要體現在多是墨迹而未經刀刻。高昌塼銘始于公元6世紀初期，結束于8世紀初期，其間正是隸楷錯變，是六朝碑版的鼎盛時期。關於北碑，世人所見多是鐫刻文字。高昌塼中的魏碑體書則多是墨迹，特別是令狐天恩墓表，其方正森挺的筆畫，使我們認識到用筆方整的魏碑體書并非全是刀刻而成，其所謂方筆圓筆，多是用筆的方法趣向所致。高昌塼中的楷體書，在吐魯番出土文書書法中亦有所見，但是作爲一種墓誌書法，高昌塼的書法字體要比文書書法字體大數倍，即便在墓誌書法中，高昌塼有些書法字體之碩大，如翟郍寧昬母康波蜜提墓誌（圖9），亦可稱墓誌書法之魁首。雖南北朝隋唐時期的書法墨迹現在已經不難見到，但如此大字墨迹，亦是罕見。

高昌塼書法，是一批不可替代的、真實反映南北朝隋唐時期民間書法的重要資料。它不但集中展現了這一時期出現的各種書體，還生動反映了這一時期書法藝術多姿多彩的時代風貌。有些塼銘的書法藝術水平之高，亦不在當時的名碑名誌之下。

附文一

北朝墓誌出版的新收穫

《墨香閣藏北朝墓誌》評介*

　　近年來，隨着歷史研究對石刻史料的重視，墓誌資料的搜集整理成爲歷史學界的重要工作。据粗略統計，20世紀50年代以來，墓誌類圖書出版了不下百部，而50到80年代，僅出版《漢魏南北朝墓誌集釋》[1]一部。80年代后，石刻類圖書的編輯出版逐步得到重視，并涌現了一批優秀成果。這個時期出版的墓誌類圖書主要有《唐宋墓誌：遠東學院藏拓片圖錄》[2]《千唐誌齋藏誌》[3]《唐代墓誌銘彙編附考》[4]《曲石精廬藏唐墓誌》[5]等。進入90年代，墓誌類圖書整理和出版數量出現爆發式增長。《北京圖書館藏中國歷代石刻拓片匯編》[6]《隋唐五代墓誌匯編》[7]可謂石刻搜集整理工作的劃時代成果。此後《邙洛碑誌三百種》[8]《洛陽新出土墓誌釋錄》[9]等圖書，特別是《新中國出土墓誌》系列圖書[10]將墓誌的搜集整理出版工作推向了高潮。[11]

　　隨着國内各機構收藏墓誌的陸續整理出版，私家（私企或私人）收藏的墓誌也引起了學界關注。《大唐西市博物館藏墓誌》[12]就是近年民營私企收藏墓誌整理的重要成果。《墨香閣藏北朝墓誌》則是私人

---

*　原載《中華讀書報》2017年5月3日，第10版。其時文中注釋未登載，現將全文收録。

收藏墓誌整理的重要成果。

迄今爲止墓誌史料的整理與出版工作成果仍以隋唐時期爲主，隋唐以前的墓誌整理成果《漢魏南北朝墓誌集釋》《洛陽出土北魏墓誌選編》[13]《隋代墓誌銘彙考》[14]《洛陽新獲七朝墓誌》[15]《新見北朝墓誌集釋》[16] 等 [17] 尚未展現北朝墓誌的全貌。

筆者對《漢魏南北朝墓誌集釋》《漢魏南北朝墓誌彙編》《洛陽新獲七朝墓誌》和《新出魏晉南北朝墓誌疏證（修訂本）》等近四十部相關圖書所收墓誌粗略統計，迄今公布的北朝（不包括隋）墓誌已有一千六百九十三件，除重複者外，根據梶山智史先生的統計，應有一千二百餘件。[18]加上隋代墓誌七百餘件[19]，總數則接近兩千。《墨香閣藏北朝墓誌》一書公布了一百四十二件北朝、隋（包括北魏十四件、東魏三十件、北齊六十件、西魏一件、北周七件、隋三十件）墓誌，其中一百零九件已以各種形式發表，尚有三十九件（北魏四件、東魏十一件、北齊八件、西魏一件、北周三件、隋十二件）[20]屬第一次公布，史料價值不可小覷。[21]即便此前已經發表的墓誌，由於所載圖書專業性不強，信息多有缺失，而該書有效彌補了這一缺陷。例如該書所收錄的北齊段通墓誌本由二石組成，其一爲墓誌銘序，其二爲墓誌銘及墓誌主子嗣的信息。但此前發表的僅有墓誌銘序一石，而刻有墓誌銘的一石未見發表。[22]此外，該書還在附錄中收錄了三件西晉碑形墓誌，其中兩件爲第一次發表，給存世不多的西晉墓誌增添了不小的數字。

《墨香閣藏北朝墓誌》拓片資料印刷十分精緻。例如其中收錄的北齊索誕墓誌和隋楊陁羅墓誌，拓片之精都超過了此前發表的圖版。[23]

與此前同類圖書相比，該書所展現的信息除墓誌拓片、録文斷句、行句字數、拓片尺寸及埋葬日期等數據外，缺少出土地、出土時間等信息。當然，這與收藏途徑有直接關係，私人收藏難免出現信息缺失，不可不謂一大遺憾。但該書令歷史研究者看到了編纂者對於不確定性信息寧可缺失也不妄加推測的求真態度。

　　更爲可貴的是，《墨香閣藏北朝墓誌》所收墓誌銘文所體現的史料價值。

　　首先，魏晉南北朝時期墓誌的使用者多爲高官顯貴，他們的信息往往在正史中能够找到。該書墓誌銘文出現的人物，如高永樂[24]、元淵[25]、高湛[26]、張瓊[27]、張遵業[28]、楊元讓[29]、薛懷儁[30]、段韶[31]、辛韶[32]等十餘人在正史中或有傳記，或可查詢到相關信息。這些史料對補充正史記載以及對這些重要人物的進一步研究，彌足珍貴。

　　其次，該書收録了一批有家族關聯的墓誌。如夫婦關係的墓誌有：高永樂墓誌及妻元沙彌墓誌、薛懷儁墓誌及妻皇甫艶墓誌、楊元讓墓誌及妻宋氏墓誌、宇文紹義墓誌及妻姚洪資墓誌、張法會墓誌及妻馬氏墓誌等。又如兄弟（或同族兄弟）關係墓誌有：崔宣靖墓誌與崔宣默墓誌、穆建墓誌與穆子寧墓誌、索昉墓誌與索欣墓誌等。還有諸多家族關係的墓誌，更有一批元魏皇族墓誌、北齊高氏皇族墓誌等。

　　再次，所收墓誌的出土地集中於鄴城。一百五十一件墓誌中有七十八件可以確定出土於鄴城，如果除去二十一件塼質墓誌和三件西晉碑形墓誌，那麼所占比例達64%以上。這爲研究魏晉南北朝時期鄴城歷史提供了一批不可多得的資料。

最後，從墓誌文化發展的角度來看，北魏遷都洛陽以後，墓誌的使用數量出現了爆發式增長。這一現象與北魏的漢化政策及“南朝化”有直接關係。但從出土墓誌的數量看，北朝墓誌文化的發展受南朝文化的影響，却又遠超南朝。因此，對於北朝墓誌，不僅僅應研究其銘文展現的史料内涵，還應通過整體的分析解讀其爆發式發展的歷史和文化背景，這對理解中華民族融合發展乃至延綿不息的文化歷史有重要意義。該書發表的諸多墓誌，爲這一研究提供了進一步可能。

　　如果一定要吹毛求疵，筆者覺得尚有如下問題值得商榷。

　　首先，書名爲《墨香閣藏北朝墓誌》，但從一些墓誌看非盡如此，例如書中所收元忠暨妻司馬妙玉墓誌[33]，其原石就收藏在山西省大同市一家私企博物館——西京文化博物館[34]。因此，《墨香閣藏北朝墓誌》所收録的墓誌，有些并非墨香閣所藏。作爲私人收藏，可以想象其藏品具有流動性，或許還會不斷有新的北朝墓誌流入墨香閣，當然墨香閣也會不斷有北朝墓誌流出，因此“墨香閣藏”北朝墓誌有其不確定性。

　　其次，從目録分類看，總體上分爲“墓誌”和“塼誌”似有不妥。墓誌當然包括石質、塼質甚至其他質地（如木質、瓷質等），如此編目，似乎編者没有把塼誌歸納到“墓誌”範疇。墓誌的出現雖然已有近兩千年的歷史，對其研究也有千年歷史，但對於“墓誌”一詞的定義却從未統一，也因此産生了墓誌出現的時代問題等争議，此書“塼誌”與“墓誌”并列的分類似乎也有混亂感。顯然，作爲歷史學者而非文物學者，該書編者在石刻文物定名問題上似乎未作過多考慮。

　　最後，附録所收三件西晉碑誌即永熙元年九月十日之趙始伯妻李婦碑、趙始伯妻東鄉婦碑和牛登墓誌，定名上也有不統一之感。文物定名，或可按照傳統金石學的"名從主人"之説[35]，分別按照碑誌題額"晉故李氏之碑""晉故東鄉婦碑"及"晉故騎部曲都魏郡牛君之柩"之銘定名，或者按照該書"趙始伯妻李婦碑"及"趙始伯妻東鄉婦碑"定名，也較妥當。而該書前兩件使用題額上的"碑"之用詞，第三件却沿用前人定名所使用的"墓誌"[36]一詞，稍覺不妥。

　　總歸，《墨香閣藏北朝墓誌》一書的出版，不但進一步豐富了北朝墓誌資料的數量，還因其高水平的編纂隊伍，使得該書爲基礎銘文釋讀研究打下良好基礎。[37]通過該書編者名單可知，兩位主編一位是在南北朝隋唐史學界成果頗丰的葉煒教授，另一位是對墓誌鑒别有着豐富經驗的墨香閣創始人劉秀峰先生，還有羅新教授等顧問把關，其他參與者如徐冲、孫正軍、胡鴻等也多爲史學界新鋭。他們以讀書班的形式釋讀墓誌銘文，通過研究討論解決難題[38]，使得此書録文可靠可信。然而既有録文，却没有附録人名、地名索引，也留下一個小小的遺憾。

注　釋

[1] 趙萬里：《漢魏南北朝墓誌集釋》，北京：科學出版社，1956年（廣西師範大學出版社2008年再版）。此書收錄東漢喪葬刻石四件、魏喪葬刻石兩件、晉碑形墓誌十一件（另有三件喪葬刻石）、宋和齊各一件、北魏三百一十二件、北齊四十四件、北周十二件、隋二百二十一件。同期，日本出版中田勇次郎編《中國墓誌精華》（全1函2冊，東京：中央公論社，1975年）。

[2] 饒宗頤編著《唐宋墓誌：遠東學院藏拓片圖錄》，香港：香港中文大學出版社，1981年。

[3] 河南省文物研究所、河南省洛陽地區文管處編《千唐誌齋藏誌》，北京：文物出版社，1984年。

[4] 毛漢光撰，盧建榮、耿慧玲、郭長城助理《唐代墓誌銘彙編附考》，臺北："中央研究院"歷史語言研究所，1984—1994年。

[5] 李希泌編《曲石精廬藏唐墓誌》，濟南：齊魯書社，1986年。

[6] 北京圖書館金石組編《北京圖書館藏中國歷代石刻拓片滙編》，鄭州：中州古籍出版社，1989—1991年。

[7] 吳樹平等編《隋唐五代墓誌滙編》，天津：天津古籍出版社，1991—1992年。

[8] 趙君平編《邙洛碑誌三百種》，北京：中華書局，2004年。以近年出土漢晉至明清墓誌爲主，共收錄近三百件。

[9] 楊作龍、趙水森等編著《洛陽新出土墓誌釋錄》，北京：北京圖書館出版社，2004年。

[10]《新中國出土墓誌》是國內第一次對1949年後新出墓誌進行最大規模整理出版的一部大型叢書。1994年以來，已陸續出版了包括河南、陝西、河北、江蘇四省和北京、上海、天津、重慶共十卷、十九冊，但這還只是此全國性專案的第一期工程。

[11] 關於石刻類圖書的信息，可參考高橋繼男先生編輯的《中国石刻関係図書目録（1949—2007）》（東京：汲古書院，2009年）及《中国石刻関係図書目録（2008—2012前半）稿》（東京：汲古書院，2013年）兩書。

[12] 胡戟、榮新江主編《大唐西市博物館藏墓誌》，北京：北京大學出版社，2012年。

[13] 洛陽市文物局編《洛陽出土北魏墓誌選編》，北京：科學出版社，2001年。

[14] 王其禕、周曉薇編著《隋代墓誌銘彙考》，北京：綫裝書局，2007年。

[15] 齊運通編《洛陽新獲七朝墓誌》，北京：中華書局，2012年。

[16] 王連龍：《新見北朝墓誌集釋》，北京：中國書籍出版社，2012年。

[17] 另有趙超著《漢魏南北朝墓誌彙編》（天津：天津古籍出版社，1992年，2008年再版）、羅新和葉煒共著《新出魏晉南北朝墓誌疏證（修訂本）》（北京：中華書局，2005年，2016年修訂）等，但因其主要內容爲墓誌錄文及考釋，而未見原始資料

之墓誌拓片，在資料性質上，屬於具有研究性質的加工資料。

[18] 參見〔日〕梶山智史編《北朝隋代墓誌所在總合目録》，《明治大学東洋史資料叢刊》11，東京：汲古書院，2013年。此書收録的北朝墓誌包括北魏（386—534）五百六十七件、東魏（534—550）北齊（550—577）四百四十一件、西魏（535—556）北周（557—581）一百六十二件、北朝時代朝代不明四十件。

[19] 2007年出版的《隋代墓誌銘彙考》所收録隋代墓誌爲五百一十二件（另有存目一百一十七件、存疑四件及高昌墓塼九十二件、卒於隋而葬於唐的六十七件等）；2013年出版的《北朝隋代墓誌所在總合目録》統計爲七百一十六件。

[20] 根據書後附信息表統計，該書收録的北朝墓誌包括已發表的一百零八件，未發表的四十件。但書中元忠暨妻司馬妙玉墓誌實已發表（參見殷憲《〈魏故城陽宣王（拓跋忠）墓誌〉考》，《中國國家博物館館刊》2014年第3期，第76—83頁），故在此數據上各增減一個數。

[21] 雖然梶山智史先生的統計也包括墨香閣藏北朝墓誌，但僅列目録。墨香閣藏墓誌資料的全面正式公布，還是始於《墨香閣藏北朝墓誌》一書。

[22] 參見賈振林編著《文化安豐》，鄭州：大象出版社，2011年，第216頁。

[23] 此二墓誌分別參見前揭賈振林編著《文化安豐》（第332頁）和趙君平、趙文成編《秦晉豫新出墓誌蒐佚》（北京：國家圖書館出版社，2012年，第90頁）。

[24] 參見《魏書》卷三二《高湖》，北京：中華書局，1974年，第754頁；《北史》卷五一《齊宗室諸王上》，北京：中華書局，1974年，第1851頁；《北齊書》卷一四《永樂》，北京：中華書局，1972年，第181頁。（以下所引《二十四史》均爲此版本）

[25] 參見《魏書》卷一八《校勘記》，第438頁；《北史》卷一六《太武五王》，第616頁。《北史》避唐諱作"元深"；《魏書》部分篇什在流傳中散佚，後人以《北史》補《魏書》，故今本《魏書》亦作"元深"。

[26] 參見《北齊書》卷十《高祖十一王》，第133頁；《北史》卷五一《齊宗室諸王上》，第1861頁。

[27] 參見《北齊書》卷二〇《張瓊》，第265頁；《北史》卷五三《張瓊》，第1913頁。

[28] 參見《北齊書》卷二〇《張瓊》，第266頁。

[29] 《魏書》卷五八《楊播》，第1302頁。

[30] 《魏書》卷六一《薛安都》，第1359頁。

[31] 《北齊書》卷一六《段榮》，第208頁；《北史》卷五四《段榮》，第1960頁。

[32] 《隋書》卷五四《田仁恭》，第1365頁；《北史》卷六五《田弘》，第2315頁。

[33] 參見殷憲《〈魏故城陽宣王（拓跋忠）墓誌〉考》，第76—83頁。

[34] 筆者曾於2015年11月在此博物館目睹原石。另外，前揭梶山智史先生《北朝隋代墓誌所在總合目録》雖然收録了墨香閣藏北朝墓誌，但其是根據《文化安豐》做成目録，未見收録此件墓誌。

[35]　參見胡昌健《藏品定名説略》,《文博》1993年第3期，第88、89—90頁。

[36]　"牛登墓誌"的命名始於《秦晉豫新出墓誌蒐佚》。

[37]　例如田盛墓誌銘文中的埋葬紀年爲"興和元年歲次庚申正月庚戌朔十二日辛酉"，然而興和元年歲次己未，二年歲次庚申，顯然墓誌刊刻有誤。該書在編纂過程中，對如此細節問題都予以糾正，可見録文校釋工作之細緻。

[38]　讀書班相關研究成果，參見葉煒《略谈墨香阁藏北朝墓誌的史料价值》，收録於伊藤敏雄主編《石刻史料と史料批判による魏晋南北朝史研究》，大阪教育大學，2015年。

附文二

吐魯番出土高昌墓塼的源流及其成立 [*]

  本文是關於吐魯番出土公元3—8世紀的墓誌——高昌墓塼源流問題的研究。通過墓誌形制的分類，以及地域間的比較和歷史發展的分析，并以此爲基礎，對東漢魏晉南北朝時期墓誌的傳播過程進行了考察。

  本文由《研究編》和《資料編》構成。

  《研究編》的第一章，主要研究中原地區的墓誌，特別針對東漢、西晉、十六國、北朝各代的碑形墓誌以及東晉南朝各代的方形墓誌，對其形制與地域關係及其傳播過程進行了考察。

  通過出土文物可知，碑形墓誌在東漢中後期就已經出現，到了西晉後期使用人群大幅度增加。進入十六國時代後，以洛陽爲中心的中原等地碑形墓誌消失不見，其使用中心轉移到以武威爲中心的河西地區，并形成具有河西地域特徵的河西圓首碑形墓表。河西圓首碑形墓表在形制上與漢代墓地地面竪立的墓表（墓碑）相同，名稱上也都稱"墓表"，但實際上是埋藏於墓室內的墓誌類器物。北魏統一北方後，

---

* 本文爲笔者2003年提交日本大阪大學之博士論文要旨，初以《"トゥルファン出土高昌墓磚の源流とその成立》爲題，發表於《大阪大学大学院文学研究科紀要》第45卷，2005年。

碑形墓誌的使用中心轉移到北魏都城平城。北魏平城時代後期，碑形墓誌成爲平城墓誌的主要形制，但在繼承河西圓首碑形墓表形制的同時，受东晉南朝墓誌的影響，名稱上開始使用“墓誌”或“墓誌銘”，形成圓首碑形墓誌的地域特徵。

方形墓誌最早出現於東晉，多爲竪長方形和橫長方形，也出現了正方形的，東晉後期，竪長方形逐漸成爲主要形制。東晉墓誌没有繼承西晉的碑形墓誌，因“假葬”等原因而簡化爲方形墓誌。南朝時期，南遷世家大族逐漸定居江南，假葬墓地變爲祖墳，墓誌却没有回歸碑形，而是繼續使用方形墓誌。不同的是，此後的方形墓誌在書式、字數等方面進一步發展，銘文内容也進一步豐富，還出現了銘、辭等韻文，墓誌形制有接近正方形的橫長方形，也有正方形的。北魏遷都洛陽後，北朝的墓誌使用中心也隨之轉移到洛陽，但墓誌形制出現突變，除極少數碑形墓誌外，基本是正方形墓誌，這一轉變，當是受到東晉南朝方形墓誌的影響。

本文第二章的研究以第一章爲基礎，對吐魯番出土墓誌——高昌墓塼的產生及發展進行了論述。首先，且渠封戴墓表雖然出土於吐魯番，但并非高昌墓塼的始祖，應該屬於河西圓首碑形墓表系列。其次，從書式、書體等角度，論述了高昌墓塼中的三方無紀年墓塼，認爲時代最早的可能到高昌郡時期，早於且渠封戴墓表的時代，得出高昌墓塼產生的時代可上溯到五涼時期的結論。進而通過對高昌墓塼接近墓道地面處的埋藏位置、無紀年書式、“墓表”的稱謂以及塼質等特徵的分析，追根溯源，得出高昌墓塼源自中原墓誌文化的結論。

在上文研究的基礎上，進一步對高昌墓塼的内容進行探討，并結合吐魯番出土隨葬衣物疏的内容對比研究，糾正了以往學界對其紀年性質的錯誤理解，進而發現了高昌地區流行的辰日埋葬禁忌這一在中原地區流行的禁忌風俗等。

《資料編》

本編以《碑形墓誌》和《高昌墓塼》兩部分構成，是本論文研究的主體資料。特別是後者，將分散出版的高昌墓塼資料彙集整理，是目前爲止搜集整理高昌墓塼數量最多的高昌墓塼資料集。

插圖説明

梁舒墓表，武威市博物館藏

梁阿广墓表，固原博物館藏

呂憲墓表，書道博物館藏

呂他墓表，西安碑林博物館藏

李超夫人尹氏墓表，甘肅酒泉市肅州區博物館藏

鎮軍梁府君墓表首，甘肅省博物館藏

且渠封戴墓表，新疆維吾爾自治區博物館藏

魏雛墓誌，館藏地不詳

劉寶銘表，鄒城市博物館藏

趙氾墓表，香港中文大學文物館藏

封和突墓誌，大同市博物館藏

元淑墓誌，大同市博物館藏

侯君神道，芮城县博物館藏

漢秦君神道石柱，北京石刻藝術博物館藏

康虜奴及妻竺買婢墓表，吐魯番地區博物館藏

康如節墓誌，吐魯番地區博物館藏

康□鉢墓表，吐魯番地區博物館藏

康棄僧墓表，吐魯番地區博物館藏

康□□墓表，吐魯番地區博物館藏

康浮啚墓表，吐魯番地區博物館藏

康業相墓表，吐魯番地區博物館藏

康延願銘記，吐魯番地區博物館藏

康蜜乃墓表，吐魯番地區博物館藏

傅子友墓表，吐魯番地區博物館藏

張幼達墓表，新疆維吾爾自治區博物館藏

張興明夫人楊氏墓表，新疆維吾爾自治區博物館藏

且渠封戴追贈令，新疆維吾爾自治區博物館藏

梁東葬塼，故宮博物院藏

史仲葬塼，故宮博物院藏

張保守墓表，故宮博物院藏

孟氏墓表，故宮博物院藏

令狐天恩墓表，故宮博物院藏

趙宗榮墓表，故宮博物院藏

晝承墓表，故宮博物院藏

氾靈岳墓表，故宮博物院藏

王闍桂墓表，故宮博物院藏

後 記

　　在日本讀書時，我認識的多位教授都還沒有拿到博士學位，這是日本文科類博士的一大特色。很多著名教授年過半百或年近退休時才拿出十幾年甚至幾十年的研究成果中的精華來申請博士學位，而這些申請博士學位的論文很多都成爲史學研究的經典。可能是受此影響，我從來沒有想過把自己的博士論文整理出版，當然，還有許多有待完善以及要進一步深入研究的論文還沒有完成也是其中的重要原因。然而這一放就是近二十年，雖然這期間從沒有離開過中央民族大學，但由於崗位轉換，工作似乎一直處在一個應付新局面的狀態，心不能靜。既然遲遲不能將這一領域的研究進一步推進，還不如把過去的工作總結一下。特別是得到老友何林夏兄的鼓勵，就不揣冒昧，把一些相關聯的論文彙集成冊，或許能爲學界提供一些參考。

　　本論文集主要收錄我在日本攻讀修士（碩士）、博士學位以來撰寫的論文，其中多篇沒有發表在核心期刊上，網上大多檢索不到，這或許也爲這次集結出版提供了藉口。

　　本論文集有多篇關於墓誌的研究，主要圍繞吐魯番出土墓誌——高昌墓塼的源流問題展開，實際上這也是我的修士和博士學位論文的研究主題。雖然起初的研究目的是探討高昌墓塼的源流，但最後的重點却是對漢晉南北朝墓誌源流問題展開了整體討論，由此基本釐清了這一時期中原墓誌的發展源流以及墓誌由碑形向方形轉變的複雜脉絡。這一研究成果重要但也實屬意外收穫。本論文集所收録論文主要討論碑形墓誌的源流問題，對方形墓誌的相關研究雖然已有較成熟的思路，但落實到文字還需進一步整理和深入探討。有關這一研究的思路，已在本論文集《吐魯番出土高昌墓塼的源流及其成立》一文和2012年秋在日本東京發表的《墓誌の伝播に見る漢文化の分流と合流—魏晋南北朝を中心として》（後載〔日〕伊藤敏雄編《墓誌を通した魏晋南北朝史研究の新たな可能性》，平成18—20〔2006—2008〕年度科學研究費補助金項目"出土史料による魏晋南北朝史像の再構築"成果報告書，2013年5月）中有所總結，或可參考。

本人非用功之人，只有壓力才能激发出我那不足的動力。想當年如果没有伊藤敏雄先生和荒川正晴先生在我攻讀修士和博士學位時的多方指點、鞭策和幫助，很難想象懶散如我之人怎能堅持到完成博士學位論文并進入史學領域繼續專業研究。當然還有森安孝夫先生的嚴謹和嚴厲，對我來説也是不小的動力。如今此文集的出版，或許能成爲多年後交給諸位先生的作業，但不知會被如何刀削斧劈，只能先俯首稱罪了。

借此論文集出版之機，我想對多年來給予本人幫助的各位先生和同道道一聲謝！當我還在大阪大學讀博士研究生一年級的時候，池田温先生就主動介紹我成爲日本東方學會會員，先生的提携給了我進一步研究的自信，終生難忘。在日期間，還有幸結識了在京都大學任客座教授的張廣達先生，先生不嫌晚生愚鈍，言傳身教，諄諄教誨至今猶在耳邊。我與片山章雄先生雖非師生關係，但先生在學術上對我的關心、幫助和指點，至今銘記在心。還有土肥義和、中村圭兒、關尾史郎、町田隆吉、白須净真、福原啓郎諸位先生，已多年未見的菊池一隆先生，他們面對晚生從來沒有擺出大師或前輩的姿態，他們的學風和做人的態度，對我影響至深。在此，對諸位先生表示深深的謝意！

　　我還要感謝羅大利俱樂部及俱樂部會員、日本建築家金田五郎先生。在日多年，如果沒有羅大利俱樂部以及金田先生個人的資助，從容讀完大阪大學的文學博士課程，并在短期內順利完成博士學位論文的寫作是很難想象的。令人感動的是，在我回國後，金田先生還多次出資資助我任教的中央民族大學的少數民族學子，這份情誼只有進一步努力工作來償還了。

　　在此還要感謝謝重光先生爲本書作序和本書編輯羅燦女士的編輯工作。三十多年前就與重光兄相識，當年仰慕他的學問，如今我的研究有些領域與重光兄當年的研究有相關之處，這或許就是三十多年前受他影響所致。羅燦女士的認真和較真，不僅讓我對這位未曾謀面的編輯多出幾分敬意，也爲能遇到這樣一位編輯而感到慶幸和榮幸。最後感謝張慧芬博士在書稿付印前進一步提出了修改意見。

張銘心

於中央民族大學民族博物館

2020年9月15日